在如水的时光里 好好爱自己

马超 / 著

中国铁道出版社
CHINA RAILWAY PUBLISHING HOUSE

图书在版编目（CIP）数据

在如水的时光里　好好爱自己／马超著．—北京：中国铁道出版社，2016.11

ISBN 978-7-113-22240-6

Ⅰ．在…　Ⅱ．①马…　Ⅲ．①人生哲学—通俗读物　Ⅳ．①B821-49

中国版本图书馆CIP数据核字（2016）第197328号

书　　名：在如水的时光里　好好爱自己

作　　者：马　超　著

责任编辑：付巧丽　　**电子信箱：**tiedaolt@163.com

封面设计：艺海晴空　　**电　　话：**（010）51873038

责任印制：赵星辰

出版发行：中国铁道出版社

（北京市西城区右安门西街8号，100054）

印　　刷：三河市宏盛印务有限公司

版　　次：2016年11月第1版　2016年11月第1次印刷

开　　本：787mm×1092mm　1/32　**印　张：**8.5

字　　数：150千

书　　号：ISBN 978-7-113-22240-6

定　　价：36.00元

请尽可能地善待自己啊

蒋　瞰

知道马超是 2015 年 5 月，我和她在同一家出版社出了一本书，编辑把处在同一营销期的书都寄了一本给我，估计她也收到了我的书。

我没有第一时间拆开书，反倒是互相加了微信。起初只是观望，直到七夕那晚，我百无聊赖，发了个状态：还没人表白我就睡咯。马超跟了句“我我我”，一个带着人间烟火的女子跃然屏幕——这就是反差萌，笔头写着冥想、心静，不代表日子也非得清心寡欲；教人正确使用呼吸法不代表自己就得不苟言笑。只有看透生活本质的人才有资格调侃生活。

我改口用她微信名称呼：妖精。在我的意识里，妖精的重点不是妖，而是智慧。

再去翻她的书，是一个凄风苦雨的夜晚。居然，有如神迹般，心真的静了。

我至今不知道是不是妖精这个人的先入为主。

我们彼此关照，但算不上很热络的那种。她每天一句无主情话，用猫的体态表情代替自己说话。她有个让人羡慕的白发奶奶——我一直有种感觉，和奶奶外婆们一起生活的人自带福气，可能是生活无虑以及隔代宠爱。

然而，相比故作矜持不发朋友圈的我，妖精居然还能做到一边朋友圈，一边保持高产，然后把自己的书组合成各种套餐，有个叫“慢慢做慢慢爱”，还有个叫“绿你没商量”。笑过后，她说，又有个新书稿。

闺蜜、餐馆老板、朋友的朋友，不见了的寿司店，开甜品店的小心思，莳花弄草的调子，说的都是生活中常见的人，常见的事，常见的慨叹，记录下它们不是什么难事，谁还没点日常素材和内心戏呢？然而妖精的高超之处是在提出问题后还能解决问题。她引用《瑜伽经》：如果带着一颗禅心去爱人，那么便会活在自在之中，当然，也会活在爱之中——那是她的强项好吗，我很早就知道她毕业于西藏民族学院藏传佛教哲学专业，佛学研究生。学历代表一个人的走向，出身论者就是这点固执。

她写离别，恰好是我近期的关注重点。

“爱人离开后，确实需要一个适应期，每一个人皆是如此，除非他当初不曾投入地去爱，否则即便再有智慧，再有觉知，也需要一段时间来适应一个人的生活。”

她很诚实，承认伤痛的存在感。

“但是，”话锋一转，“带着禅心与觉知去爱人的人，他们起初就明白万物皆在变化的道理，或许也会与伴侣规划美好的未来，却并不因此而深深地陷入到这虚幻的构想之中。这类人，他们并非不去爱人，更不是那种不食人间烟火的异类存在，只是他们爱得更有智慧了，也更有力量了。相比于那些在相爱又分手之后便失去爱的能力的人来说，带着禅心去爱人，那简直是利己又利人。”

通通透透。

不得不承认，有些人的离别是为了回归，而有些人的离别却是为了再次去寻找。其实我们早就明白：你要通过失去来抵达。

你肯定会说这是一本鸡汤，可是，鸡汤和反鸡汤都是一种定义，太没想象力。纠结于一个概念，快，慢，好，坏，但人生不只是非黑即白的啊。

这本书的好，在于诚实。她写了那么多，不是教你如何预防伤痛——因为无法预防，伤痛是生命的底色；不是教你怎样做到十全十美，因为十全十美就像一块肥肉，被油腻蒙住了口感。妖精把重心落在人身上，人的厉害之处就在于自带一套过滤系统，洞悉了世间的种种丑恶、见识了人心的复杂，把最明媚的画景记在心上。

请一定要善待自己啊，因为日子终将是自己跟自己过。

目 录

生命是一种体验，爱情是一个过程。每一场身心投入的爱恋，并不一定会得到自己期待的圆满结局。但如果我们只是去爱，去体验爱、分享爱、创造爱，不带抱怨地行走在世间，那么我们的心终将因爱而强大，我们的生命终会因爱而丰盛。

有人说，生活中不仅有柴米油盐，还有诗歌和远方。有人说，生活能有多美好，取决于你对生活有多热爱。在细碎的日子里，我们逐渐老去、华年不再，但如果我们有一颗丰盈美好的心，就一定能把细碎的日子过成一道优美诗意的风景。

最美好的季节是春天，最疗愈的时刻则是独自静处时的光阴。日子如流水般逝去再不可追回，而我们要做的就是，在如水的时光里，好好地爱自己，不论是否有人陪伴，是否有人欣赏，我们都要善待自己，做一个内心永存美好的人。

第一辑

对美好爱情的向往，是一种信仰

生命是一种体验，爱情是一个过程。每一场身心投入的爱恋，并不一定会得到自己期待的圆满结局。但如果我们只是去爱，去体验爱、分享爱、创造爱，不带抱怨地行走在世间，那么我们的心终将因爱而强大，我们的生命终会因爱而丰盛。

爱情是一个过程，需要带着一颗禅心

一周前与朋友在火锅店里小聚，酒足饭饱之后他感慨着：“那个在吃火锅时为我拼命向服务员要白糖的姑娘，再也不会回来了。”朋友吃火锅时有一大癖好，就是喜欢往小料里兑白糖，那个为了照顾他的这一癖好而向服务员一次次要白糖的长发姑娘，在几个月前已经离开了他的生活。

三天前，一位经常来咖啡馆参加读书沙龙活动的妹子向我哭诉，那个曾经懂她疼惜她的男朋友已经和她分手了。“再也不会有第二个人像他这样懂我了。”妹子泪涌如泉，言语之中流露出无限伤感，时不时地低头沉思，似是回到了两人甜蜜恩爱的往日。

今天，一通忙碌，终于安排好手头事情之后，我在喝杯茶歇口气的时间里刷了一下微信朋友圈，当我看到曾深爱的人在朋友圈里发布了一张甜蜜牵手照和“我们终于要在一年中最火热的季节迈入结婚礼堂啦”的文字时，我便知，他是真的再也回不来了，而我也再不能回到过去了。往昔的场景还历历在目，而曾经的身边人却已变成陌路，在这个原本阳光火辣、一片暑热的时节里我却忽然觉得心意凉薄，凄寒萧索。

问身边的一位朋友，是什么原因使年华正好的他决定不再勇敢地去爱了。朋友答，任是怎样明媚鲜艳的女孩，也不如旧人的一个欢颜、一次回眸能令他开怀。

再问一起共事的某个姑娘，为什么不选个阳光新鲜的周末出去约会、散心。姑娘说，如果牵手拥抱、并肩同行的对象不是他，那么这一切于自己而言，又有什么意义呢?

久未逢面的同学说起他的情感经历时，他说太累了，真的不会再爱了。我们问他原因，他说心中始终装着一个不可能的人，他觉得此后岁月都将为心中这个不可能的人而困守一生了。

既然痛了累了，为何不选择淡忘？当然，每一个不可能的人都是扎进我们心中的刺，长在我们心口的朱砂，说不定拔出来、拿掉它反而会让我们痛得更剧烈。但是，使我们痛苦的是某个人吗？或者是某一次经历吗？

事实上，真正使我们痛苦的无非是自己的执念。但执念这东西，谁都有。比如说一个好好学习、天天向上的学生，他一定要夺取第一名，一定要考上某所大学，这也是一种执念。只不过，执念这东西对每个人来说所起到的作用不同而已。同样是心中住着个放不下的人，有些人就能一边怀念着他一边好好地安排自己的生活。夜深人静时也会生起思念，看到别人眷属成双时也会暗自忧伤。可是这些小情小绪并没有影响到自己的正常生活，而自己也没有一直沉浸在痛苦之中不能自拔。

但很明显，我刚才提到的这几位朋友，他们都还活在过去的时光中。世间万事万物皆在变化之中，人与人之间的关系、情感自然也不会排除在这个规律之外。

我们活着，不是为了一直一直地怀念过去。对待爱情，我们也该带着一颗禅心。《红字》里面说：“你应该自己采集阳光，我没有阳光可以给你。”在爱情中，也绝对没有谁放过谁，谁不要再使谁痛苦这么一说。不要希求别人放过自己，而是要自己放过自己。就好比不要乞求别人给我们阳光，而要靠着自己来采集阳光，收获温暖。

我们痛苦的根源是自己，不论在一段感情中，是谁先离开了谁，还是谁做出了什么对不起对方的事，能够一直让自己痛苦下去的根源，就是我们自己。

《瑜伽经》里面说："昏沉是没有任何觉知的存在状态。"在很多时候，我们只是感受到了身心上的痛苦，一再地沉溺于对过去的回忆之中，却丝毫不能意识到这痛苦的根源在哪里，这便是一种没有觉知的昏沉的状态。所以，当一位朋友说，"只要不去爱人，就不会失去身心的自在"时，我多想告诉他，如果带着一颗禅心去爱人，那么便会活在自在之中，当然，也会活在爱之中。

如果我们带着一颗禅心活在一段爱情关系中，那么我们不难发现，青春美貌也好，动人心魄的爱情也好，没有什么是因为我们高兴就能够驻足停留的。任何一种关系、事物，都不是为了取悦我们才发生、存在的。

曾经相爱相依的两个人可能最终会反目成仇，曾经两人并肩走过的岁月可能会成为自己最不堪回首的往日，曾经共同构想的美好未来可能会化作最不愿提起的噩梦。

带着禅心去爱人的人，即便沉浸在两情相悦的甜蜜之中，也会觉知到这甜蜜不会永远继续下去。如果某一天，爱人远去了，离开了自己的生活，他也不会紧紧地执著在往日的情爱中而忍受各种痛苦，就好像关进执念监狱中的犯人那样。

爱人离开后，确实需要一个适应期，每一个人皆是如此，除非他当初不曾投入地去爱，否则即便再有智慧、再有觉知，也需要一段时间来适应一个人的生活。但是，带着禅心与觉知去爱人的人，他们起初就明白万物皆在变化的道理，或许也会与伴侣规划美好的未来，却并不因此而深深地陷入到这虚幻的构想之中。这类人，他们并非不去爱人，更不是那种不食人间烟火的异类，只是他们爱得更有智慧了，也更有力量了。相比于那些在相爱又分手之后便失去爱的能力的人来说，带着禅心去爱人，那简直是利己又利人。

记得曾经接触过一个打扮得很朋克的女孩儿，她说，她爱过许多人，这并非她水性杨花，而实在是每一段情感都没能坚持走到最后。每一个爱过的人，她都是用心去爱的，但是当爱情逝去之后她从不会哭闹更不会怨恨。“如果我曾经爱过的人有事找我帮忙，我想我肯定会出手的，只要是我能做到的事儿。”我问她，难道不记恨那些给了你甜蜜往昔却给不了你最终结局的男生吗？她瞪圆了双眼反问我：“为什么要记恨呢？爱过就是爱过啊，不能继续相处了，那就好聚好散吧。若说因为爱人离开自己便无限记恨，那就是自己跟自己过不去；若因为失了几次恋就再也不想去爱人了，那便是自己对自己的幸福不负责。”

这个姑娘不是佛教徒，从不曾见她戴着什么佛牌、手串，也不曾见她对着佛像跪拜许愿，用她自己的话来说，爱情都不是求来的，而且当爱人要离去时，你求也没用。或许有人觉得没有信仰的生命便没有方向，但在我看来，这个姑娘不仅爱得勇敢，而且也爱得智慧、爱得率性、爱得洒脱，更爱得自在。看来，在参悟爱情这个谜题时，有些人即便没有刻意地保持清醒的觉知，可他们在行事时仍然不离禅心；可见，不刻意的禅心，好过刻意造作的禅心，而刻意保持着一种觉知，又比稀里糊涂地去爱去恨去记仇要好。

对美好爱情的向往，是一种信仰

那一年，她 32 岁却仍是单身。若是在大城市，这根本不算事儿。可她所在的小县城里的人们却把这当作焦急万分的事情，就连她的母亲，一位被丈夫抛弃后独自将女儿养育成人的慈祥老太太都觉得脸上挂不住。

“找个差不多的就嫁了吧。你身边总得有个男人啊。”老太太总是这样对她说。她听了只是一笑，她说她有自己的想法。老太太便渐渐地不言语了，只是在某一天听到有人在背后用刻毒地言辞议论她时，老太太回家后嘴里便长出了许多大泡。

就在这一年，他来到她所在的小县城。他是外乡人，大学毕业前夕被女友狠狠地甩掉了，他一气之下来到这里，嘴上说着“世界这么大，我想到处都看看”，其实是因为这个小县城是前女友的老家。

世界很大，也很小，小到你才慨叹着想寻真爱却遍寻不着，马上就遇到了一个你愿意真心托付的那个人。在小小的县城里，她和他相遇了。她带着一颗寻求真爱的心向他靠近，她带着对未来生活的憧憬，带着对这个世界的期待同时也带着她大了他整整十岁的这个事实向他努力地靠近。

他不是不动情，只是不敢动心，因为他知道，他们之间有着十年的年龄差。他的家乡还在一个乡村里，那里的保守闭塞他是知道的，他是觉得，既然无法给她一个幸福的未来，就不该平白地享受她的爱。

他们的事情，被身边人看出了端倪。有人讥讽她是“恬不知耻”，有人把这完全就看作是一场玩闹。小县城里的冷言冷语如初春的风，带着利刃抽打在她的心上。也有好心人劝她：“别勉强了，如果他真心爱你，那么世俗的那些条条框框都不算事儿。”

她不听，还是一如既往地对他好。他的心本就并非铜铸铁造，更何况他本来也钟情于她。渐渐地他开始感觉到，她已经成了自己生命中的一部分了：遇到了伤心事儿，他先告诉她；买了什么好吃的，他会第一时间拨通她的电话；在淘宝网上闲逛，他只是为了能给她选一条漂亮的裙子，毕竟手头薪水有限，他也只能略微地表示表示了。

当他双手奉上一对定情戒指时，他拉着她的手问："我来的，是不是太迟了？"她泪光微微却满脸带笑："你来了，就好。"此时，距离他们第一次相遇，已是过去了三个年头。

后来，他的家人笑意盈盈地接受了她，不知他用了什么办法。再后来，他们离开这个小县城去了别的地方，没人知道他们去了哪里，只是他们会不定期地回来一下，看一看她那位一直寡居的老母亲。

昔日的朋友小心翼翼地问她："你就真的没有动过放弃他的念头吗？在你最艰难的时候。"

她羞涩地说："也曾想过，就当他是个过客吧。可我又如何能骗过自己的心呢？对美好爱情的向往，这是我毕生的信仰。如果连爱一个人都不敢承认，如果连爱一个人时需要经历的苦乐悲喜都不能承受，那么，这样的人生又有什么意义呢？"

有人说，她比他更勇敢。她却说，他比她爱得更深沉，因为她对他的爱、对他的好都是明明白白地表现出来，而他却是在暗地里疼爱她、怜惜她。以后，小县城的人们再谈论起她时，都觉得她是个“幸运的女人”，因为她俘获了小她十岁的男人的心。但只有她自己才明白，她不幸运却很幸福，因为这幸福的背后有着坚实的信仰作为支撑，所以她才对他们的孩子说：“你一定要相信爱情的存在，并且对爱情抱以向往。你不必很幸运，却一定要努力让自己过得幸福。”

有一种离别，不过是为了怀念

1

直到那一天，李一航在万达广场里再也找不到当初他经常带项丽吃饭的那家手作寿司店，他才真的相信并开始接受，项丽已经不在他身边了，就连之前充满温暖的回忆，也都已经悄无声息地冷却下来，成了凝在自己生命里的废铁。

李一航和项丽初次相识那天，空中飘落着点点雪花，这座本就充满着孤单气质的北方小城，更增添了一抹感伤。原本两人不过是要寻一家有书有音乐还飘散着咖啡香气的咖啡馆来暖暖身子的，而街边的这家小店之所以能够成为他们初遇的地点，只是因为它距离两人的工作单位都很近，位于一个刚刚好的位置上，所以有许多人都因了这“刚刚好的位置”而相识。

一向追求与众不同的李一航在自己的恋情上竟未能免俗，后来他对友人说，原本是想要一场别开生面的爱情，没想到与许多人的爱情故事版本一样，老套而俗气。如果他和项丽之间的爱情果真能以圆满幸福结尾，或许这么俗套的相识相恋过程也会被他美化成一首诗，可偏偏他们两人的关系一直别别扭扭、不冷不热。当然，在最初的一段时间里他们还算过得幸福，每每李一航下了决心要切断对项丽的思念时，项丽总会恰到好处地给他传递来一个什么讯息，也或许，是李一航自己那尚处于青春期的躁动扰乱了自己的判断吧。

在那个飘雪的黄昏，小店里人很多。项丽和李一航几乎是同时进店，同时发现了靠近窗子的一张空桌，同时落座且面对服务生询问“喝点什么”时异口同声地回答说：“卡布奇诺。”在这异口同声的回答之后便是长达将近十秒钟的沉默。

“你经常来这家店吗？”李一航轻声问着项丽。店里虽然人多，但并不嘈杂，所以李一航那略带羞涩的低沉的声音混同着店里播放的民谣轻轻地飘进了项丽的耳朵里，然后，这声音便在项丽的心底扎下了根。

只可惜这根扎得还不够深，也不够狠，但在李一航看来，到底是项丽先动了心，而且他一直断定，项丽的动心就在当时那一刻。“偶尔来，不过，打算以后经常来这里坐坐呢。”项丽白皙的脸庞多了两抹晕开的绯色。李一航喜欢这种带着烟火气息的颜色。

与大多数在咖啡馆里相识的恋人一样，他们很喜欢时不时地来到这里坐坐。这家名叫“温柔一瓣”的咖啡馆里平素人总是很多，当然，偶尔也有客人稀少的时候，比如李一航约项丽来这里喝下午茶时。于是，他们的恩爱时光里便少了许多人的见证，或许，咖啡馆里的服务生还会记得当时他们两人的甜蜜场景，只是李一航再不敢回忆起那些所谓的“美好时光”，——如果说与项丽相恋真的算是一种幸福的话。

2

若不是项丽那位心比天高的前任提前回国并奇迹般地回心转意，可能项丽那纤细的手指上应该会戴上李一航送的戒指吧。

起初，李一航也以为自己这一次是真的找到了幸福。项丽与他相伴的那段时间里，她极力地展现着自己的温柔和懂事：晚餐时的一碗羹汤，深夜时的柔情缱绻，闲暇时的欢声笑语，这一切都令李一航十分受用，他开始觉得这座小城比之前要温情多了。

如果幸福来得真是如此简单，——只消在咖啡馆里遇到一个容貌尚好、与自己还算性情相投的人，便可从此相安无事共度余生的话，那么那些在情场上痛苦纠结的人岂不是都成了“自寻烦恼”了？但可惜的是，李一航把感情这件事儿想得太简单了，在他看来，感情就是“遇见并沉陷”，他却忘了，人心变化快爱情变数多，前一秒与你牵手相拥的那个人，很可能就会因为另一个人的回归从你的怀抱中抽身而退。项丽说她只是暂时放不下那段旧情，李一航选择了默许，默许自己还算喜欢的一个女人不时地去赴另一个男人的约。人们总说所谓的“宽容”，乃是源于一个人对另一个人的爱。可李一航的这种“宽容”则恰好在于他对另一个人的不爱，——只是那么淡淡地喜欢着，算是在这孤寂的城市里寻了一个伴儿吧。

转眼间又到了一个飘雪的时节，虽然项丽依然温情脉脉地陪伴在李一航身边，但他还是隐隐约约地感觉到项丽将要永远地消失在自己的生活中了。小城里到处洋溢着孤寂和感伤。

那一天，项丽在厨房里忙活，李一航在旁边打下手，当他从项丽手中接过一个盘子时，他的手碰到了她手指上的一个什么东西。一枚小而精巧的戒指，明晃晃地套在她右手的无名指上。李一航不记得自己送过她这样一枚戒指。项丽见李一航似是有话要说，便对他微微一笑："前不久刚发下奖金，珠宝行又在做优惠活动，我就买下了它。"轻描淡写的一句话却无法遮盖住项丽心中的不安。

"这个，应该是我的任务才对吧。怎么，越俎代庖了？"李一航开着玩笑，可项丽还是听出玩笑背后的试探。

"这当然是你的任务啊，所以，我只给自己选了一枚小小的红宝石呢。"在项丽的笑靥中李一航没有看出丝毫破绽。看来真的是自己想多了。但李一航根本不知道的是，生于七月一日的项丽，她的生辰石正是红宝石，而这个，项丽的前任却一清二楚。

许是为了要巩固一下他和项丽之间的感情吧，李一航开始讲究起情调来了。他频频地带着项丽去住处附近的万达广场，因为那里有不少氛围不错的美食店，而伊秀手作寿司便是其中颇受好评的一个店家。

以前，李一航和项丽还只是偶尔得空了才去咖啡馆坐上一会儿。那时候，他们还没有住在一起，彼此只是保持着陌生而美好的距离。那时的项丽总是在眼底隐藏着一丝忧伤，当她抬起头说话时，只要目光与李一航相对，便会绯红了脸颊，令人怜爱非常。

在他们决定一起生活的前一天，项丽才说起自己那负心远去的前任。这种情侣间的离别之痛本是人间常事，可在项丽的嘴里说出来便多了一抹决绝和坚定："我是肯定不会回头了！当时他曾那般地羞辱过我，我又何必留恋一个已经不爱我的人呢？"

项丽说这句话时，目光如火地望向了李一航。李一航当时心头一颤："以后，我们在一起吧！"

听到李一航这样说，项丽的目光顿时黯淡下来。她想要的根本不是这句话，更主要的是，她的前任就曾这样信誓旦旦地说过同样的话。

但不论如何，身边有个人陪伴总比自己一个人孤零零的要好得多。项丽和李一航都是这样想的。既然谁都没有再遇到能够让自己怦然心动且玩命去爱的那个人，那么就努力地为对方制造出怦然心动且值得被人玩命爱的感觉吧。虽然这感觉是造作出来的，可终究也是比没有感觉要好一些。

只是两人在一起的时间长了之后，这种怦然心动的感觉制造得并不到位，反而让两人因为各自的刻意和做作而显得关系很是别扭。项丽始终感觉生活中缺少些什么，而她的这些缺憾，恰好又是李一航根本给不了的。

真应该感谢这种别扭的关系，因为正是这种“别扭”才使项丽最终又投入到那位荣耀归来且浪子回头的前任的怀里。

于是，就有了项丽手指上的戒指，就有了李一航不时闪过心头的感伤。其实在项丽熟睡时低低地唤着前任的名字时他就应该知道，她不过是以他来疗愈之前受过的爱情的伤。他或许早已料到自己不过是项丽生命中的过客，他路过项丽，短暂地拥有过她，而她也用自己的柔情温暖过他。可是，他们终究还是要分开。于他而言，这场被刻意营造出浪漫感觉的感情只不过是再次经历一场离别而已，但是对项丽来说，这场感情却使她下定决心要重新回到一个熟悉的人身边。

不得不承认，有些人的离别是为了回归，而有些人的离别却是为了再次去寻找。

3

已经有三四天没有项丽陪在身边了。李一航真的很不习惯一个人静处在黑夜中。这个听着寒风吹彻小楼的夜晚是如此安静，以至于让疲惫了一天的他回到家后都有些不能适应。

以前他也是一个人，但自从有了项丽之后，夜晚便好过多了，并且他已经习惯了有项丽陪伴的夜晚。项丽喜欢看电影，于是每隔三两天他们便在家中看一部影片。李一航还记得，项丽离去的前夜，他们看的影片是《霸王别姬》。

“说的是一辈子！差一年、一个月、一天、一个时辰，都不算一辈子！”李一航反复地咂摸着这句台词，他闭上眼睛，想到的就是如何留住项丽。虽然她不是自己最爱的那个人，但她的存在，已经成为了自己生活中的习惯。

习惯一个人比爱上一个人更可怕。因为前者总透露出哀哀的寂寞和孤独，以及对生活的一些无可奈何。

终究，李一航还是失去了项丽。只是，她不时地还会发来信息，打来电话，或者发来一封电子邮件。李一航眼前全是她那张说不上美丽却让自己倍感温暖的脸。

项丽每次联系李一航时，总是说自己过得不好，强调自己有着难言的苦衷。但她从不说是这苦衷到底是什么。难道与深爱的前任重修旧好这使她很痛苦吗？那么她完全可以离开那个人再回到李一航身边。可她没有选择离开，却依然隔三差五地联系着李一航，这又是什么意思呢？

朋友们说，放下项丽吧，你不欠她什么，好姑娘多得是。

李一航说，我放不下她，至少现在还放不下。

朋友们又说，如果真的放不下，那就把项丽再“抢”回来。

李一航稍稍地喝了点酒，他说，随缘吧，或许生命中有一些离别就是用来怀念的吧。

曾经，他认定项丽不会离开他，他也感恩她的出现。只是他不曾想到的是，原本以为被自己吃定的人，竟然丢开自己飞向了另一个人的身边。

每当夜色降临，李一航都会倒上一些酒，他看着这空荡荡的房子，这里再也没了项丽的气息，虽然她从没有给李一航带来过激情，但那种小小的温暖却足以令他怀念许久。

4

李一航再次得到项丽的消息是通过他们两人共同的熟人——“温柔一瓣”咖啡馆里的那个服务生。“航哥，项丽姐出国了，你怎么没跟着她一起去啊？是不是公司还有事情没忙完呢？”他一边玩手机，一边没话找话说，此时小店里顾客极少，窗外的雪下得正酣。

“这什么时候的事？”李一航圆睁双眼，一脸的难以置信，但随即又恢复了平时的那种平静状态，略微红肿的双眼和抽动的唇角却出卖了他那人仰马翻的内心。“是啊，她回到他身边了，随他出国也是在情理之中啊。”李一航这样想着。

“哦，你不知道啊？项丽姐说她一位很重要的朋友去世了，她去国外帮他料理一些事情，然后还要回国的。”

李一航很想现在就跑到项丽面前，他要问清楚这是怎么回事。但不久后的一封电子邮件简洁而明白地帮他理清了这些困扰。项丽的前任患病后自知不久于世，他便恳求项丽陪伴他走完人生这最后的几个月。而项丽呢，也一直没能忘掉前任，她在咖啡馆里和李一航相识之后便与他发展感情，其实是因为李一航笑起来的样子，当真是像极了她的前任。一场雪可以覆盖上一场雪，而一个人却无法让她忘记另一个人。离开李一航回到前任身边，项丽不仅是为了成全前任的心愿，也是因为她还放不下以前的这个人，这正如现在的李一航放不下当初的项丽一样。

“他已经不在了，你回来吧，我想你。”李一航在看到邮件后马上给项丽发信息，他实在没有勇气拨打电话，而且，就连最后的那个“我想你”，都是李一航在思前想后犹豫了好久才写上去的。

马上，项丽便回复了短信。只是，这回复彻底击破了李一航仅有的一丝希望。

“我已经回国了，目前就在老家。但我肯定不会回来找你了，你要好好保重自己，每天早点睡，我不在时也要记得给我留床。”在短信结尾，还有好几个大红心，可不知怎的，李一航看到这些大红心有一种想哭的冲动。以前，李一航出差时他给项丽发的信息中就有“我不在时也要记得给我留床”这句话外加好几个大红心。

第二天，李一航打算去万达广场那里的手作寿司店吃点东西，就买些项丽平时最爱吃的寿司吧，然后就订机票飞去项丽的老家，她说过她的家乡在哪里，而他也还记得地址。

只是很不凑巧，万达广场里的手作寿司店不见了踪影，李一航有些着急了。他问其他美食店的服务员：“那家手作寿司店，怎么关门了呢？”

“哦，他家租金到期了，好像搬走了呢。”

“以后都不在这里了吗？”李一航心里慌了。

“对啊，您没看寿司店的招牌都撤换掉了吗？”服务员小妹看着眼前这个奇怪的失魂落魄的人，一时不知还要不要继续说下去。

其实这家手作寿司店很早之前就关张了。很可能，上一次李一航带着项丽来这里吃饭之后不久，这家店就准备关了。

项丽说得对，有些离别就是为了怀念。项丽与前任经历了生死离别之后，她学会了原谅，李一航与项丽离别之后，他学会了感恩。他终于明白分开之后项丽所说的“过得不开心”真的不是在矫情，而是她真的很痛苦，而项丽也终于明白，有些人是无法用另一个人来代替的，有些感情也不是说忘掉就能忘掉的。当然，他们在各自余下的生命时光中还要去寻找那个真正能够陪伴自己的人。只是，在经历了这场离别之后，李一航开始害怕回忆起与项丽在一起的那些日子。

可是，人生中的有些回忆就应该被人时刻想起才对啊，这正如同生命中的一些离别，乃是为了重逢，或者，仅仅是为了怀念。

活在当下，才能在未来谈笑风生

晓月遇到张尧的那天，正是一年中最冷的时节。晓月一向以“抗冻人”自居，在满眼皆是棉衣、围巾、羽绒服的世界里，身穿单薄衣服的晓月便格外地抢眼。粉白方格呢子大衣下面露出两条纤细的小腿，一双坡跟小短靴安安稳稳地走在校园的小路上。“嗒嗒嗒”这充满青春韵律的脚步声中，洋溢着一个正当华年的姑娘对未来的美好憧憬。

这脚步声停在校园东区老图书馆附近。晓月原本是打算路过图书馆直接回宿舍的，可能是有些想念在图书馆附近刚刚安家的一窝流浪猫吧，晓月当即转念，拐进了图书馆旁边的一条小径。哈，果然，在小径边上有一个简易猫窝，小猫们都在呼呼大睡，可是猫妈妈去哪里了呢？晓月不放心，就开始“喵喵”地唤着猫妈妈。结果猫妈妈没跑来，倒是在不远处出现了一个男生俊秀的面孔。

“喂，同学，你也是来看猫的吗？”那个男生长得清秀，说起话来也斯斯文文的，但那股子斯文劲儿里透出那么一点点的“娘气”。

“真娘啊。”晓月心里虽然这样想着，但她对于喜欢猫的人总是有着先天的亲近感，于是欢快地说：“是啊是啊。两个多星期前，猫妈妈就带着它的孩子们来这里落户了呢。”

“原来你也很喜欢猫啊。”男生一边说，一边蹲下来，这时晓月才看到，男生手里拿了几根火腿肠。“每天我都要来这里看看，一天看不到猫儿们，我就很难安心。”

晓月不住地在心里嘀咕：“没想到，这人还挺有爱心的。”

这分明是一年里最冷的时节，晓月却觉得内心暖暖的，那感觉就像刚刚喝下了自己最爱的卡布奇诺，甜滋滋、暖烘烘。就像许多校园恋人一样，他们的相识过程简直简单得稍显简陋，但这并没有让晓月那颗怦怦跳动的心停下对美好未来的憧憬，尤其是当张尧盯着她的眼睛说“永远永远，我都会宠你，呵护你”时，晓月便在心中给未来画出种种美好的模样。

日子就这样深深浅浅地流过，而张尧口中许诺的“未来”，对晓月的杀伤力依然不减。毕业之后，晓月不顾父母劝说，毅然决然地随着张尧回到了他的东北老家，只因为这里有她所期待的未来。哈尔滨的风真刺骨啊，一向抗冻力颇强的晓月都有些招架不住了。可是，在这陌生的地方，至少还有张尧，还有他许下的未来。尽管在许多人看来这所谓的“未来”不过是空中楼阁，到头来只不过是让人空欢喜而已。但这些关于未来的五彩斑斓的美梦却经常闪现在晓月的脑海里。不管眼下的生活如何，至少自己还有未来啊，晓月当时就是这样想的。

未来会是个什么样子呢？没人能够给晓月一个明确的答案。自己的生活，只能自己安排；自己的未来，也只有自己才会发自内心的期待。晓月觉得未来具有一种很神奇的力量。因了相信未来的存在，所以，虽然眼下的一切感受和生活都是琐碎的、腐朽的、无趣的，但她相信在未来，生活总会有起色、有变化的。也正因为相信未来，所以她敢大胆地纵容自己，挥霍青春。

在晓月身边，也不是没有明眼人告诫过她。“你得把当下的生活安排好，才能去期待未来。”诸如此类的话，晓月听得已经几近麻木了，只是，她的心要么是停留在那些喂猫、读书、考试、陪张尧压马路的往日岁月里，要么就是穿越到了渺茫又虚幻的未来时空中。晓月总是说，我的未来还有梦，正是因为有未来，所以现在的我就有资本不坚强。身边朋友笑说，这个姑娘，真是太天真太幼稚了。通常，大家说完这句话，还会伴随着轻微的摇头叹息。只是晓月根本察觉不到，因为她对张尧曾经的承诺依然是满心期许，尽管他们现在沟通的时间已经越来越少了。

或许，别的姑娘对未来也会充满期待、满心憧憬，可至少她们的心却安住在当下，做做白日梦，再操持小日子，这也蛮不错。能够不慌不忙地把当下生活安排好的人，终究还是少数，但像晓月这样抛开眼下的生活，一心沉浸在张尧许下的“未来”之中的人，那简直就是个异数。

有人问晓月，为什么不找个正儿八经的工作呢？或者，你至少得培养起自己谋生的能力吧，哪能天天东晃西晃的？

晓月说，张尧答应过我，他会给我最美的未来。说这话时，他们已经在一起生活了大半年了。在两人共同生活的时间里，一直是张尧外出打拼，他很努力地在生活着，身边的人都能看出来。最初，他自己也确实认为作为一个男人应该承担起赚钱养家的责任。可男人外出打拼这没问题，关键是晓月你总得把家务事料理好吧。但实际情况是，晓月除了在网上淘来有用没用的一大堆东西之外，很少顾及到家务事。在晓月淘来的这些东西里，有口红，有眼影，有衣服，有挎包，尽管物品堆积成了小山，但绝少与家庭日常生活有关。开始张尧并不好说些什么，总是觉得女孩子趁着年轻就该好好地打扮，晓月也经常是一副“女人对自己好点儿，有什么不对？不能让现在的自己，对不起未来”的腔调。张尧见她这种完全“堕落”的德性，也曾劝她，多看看现实人生吧，多看看眼下生活吧，你连谋生的能力都没有，谈什么未来？

面对张尧的责问，晓月便极尽讥讽，张尧也只得沉默下来。但日子久了，张尧便吃不消了。他开始对晓月报以冷言冷语，而晓月却丝毫没有察觉到，她和张尧之间的感情已经开始了尚不明显的裂变。当这种变化积累到一定程度时，张尧与晓月口中说的便不再是“美好的未来”，而是当前的日子该如何度过，——晓月已经花掉了张尧的一大笔钱，张尧说他看不到未来了，因为他再无力供养这样一个爱花钱的活祖宗；而晓月也嚷嚷着说“看不到未来”，因为她想要的未来就是，她花钱，他挣钱，她的钱花不完，他的钱赚不完。

如果说，与张尧的情感危机算是晓月人生中面对的第一个严冬，那么接下来的变故，便是直接把她丢进了痛苦的黑洞。张尧把手头的现金留下了大半，他实在无力托起晓月对未来的憧憬了，只能尽力给她提供最后的一些方便。而晓月呢，她心心念念的还是未来如何，她说她要找一个能给她未来的人。张尧望着晓月空洞的眼睛，说：“你不会有未来的。因为你从来没有认真地安排过当下的生活。你的心离我太远了，但它距离脚踏实地的生活，更远。”

分手的那晚，晓月一边哭，一边把这伤心的事情讲给朋友们听。她本来是希望收获朋友的安慰和温暖，但朋友们只是草草地说了几句“保重”“不要太难过，你总会有未来的”这些无关痛痒的话。晓月哪里知道，就在她为往事伤心、为未来焦虑时，昔日的某个同窗已经顺利拿到签证，准备去大洋彼岸开阔视野了；曾经的某个室友早已牵着爱人的手迈入了婚姻殿堂，开始自己的人生新旅程了。这些都是有未来的人，而晓月的未来，却真的成了永远无法变现的未知。

翻看着朋友圈，晓月真是心头千般恨，胸中万种愁。她又哪里知道，通向未来的路，必然是从当下开始行走的。没有在当下的前行，如何能见到未来的繁华？没有在现实生活的当下经营人生，又怎能谈得上在未来的时光里谈笑风生？

人们都说，对未来有憧憬的人，才能朝着幸福的人生迈进。但如果只是有憧憬，只看得见未来，那想要迈进，又该从何处下脚呢？

有些路，注定只能一个人走

当小雯坐上 397 路公交车准备回到她在双桥租住的小单居时，小雯的男友才发来短信。他说他累了，这份感情也没有心力再继续了。

这是在“失踪”一个月之后，小雯的男友第一次主动和她联系，而在此之前，都是小雯低声下气地在示好，甚至，可以说是在讨饶。而小雯又有什么错呢？只不过是因为她比男友对待工作更认真、对待生活更努力。对了，还有，小雯在工作之余又忙起了其他事情，或是去做兼职，或者背上相机随着一群摄影爱好者们东拍西拍。用小雯自己的话来说，这叫工作娱乐两不误。

有人活得痛快淋漓，就会有人活得眼红心痒。小雯在工作上日见起色，从一个菜鸟毛丫儿逐渐进化为面对压力也能心平气和的大侠。升职加薪总是要付出代价的，对小雯这种有头脑而无姿色的女生来说，努力便是最好的途径，而努力工作也就意味着她要把更多的精力投入在工作上，这就难免会忽略了身边人。

于是，小雯的男友不高兴了。从开始的冷漠而变成了抱怨，紧接着就是针锋相对，直到在某次和小雯吵架之后，赌气摔门一走了之。

他也不是不回家，因为他不回家的话就实在没地方可以去了。只是他总会刻意地躲着小雯。这也难怪，工作都丢了，他现在是个自由人，当然有资本白天睡大觉，晚上出去混了。要说丢了工作这事儿，确实得怪小雯。小雯的男友曾酸溜溜地说，哟哟哟，你那么努力地工作，又接二连三地加薪发奖金，干脆你来养活我吧。小雯对着电脑，看着一份文件，嘿嘿一笑说，好啊好啊，我来养你。从此之后，小雯的男友就从不思进取彻底堕落到游手好闲了。公司进行人事调整时，小雯的男友便光荣地成为了他们公司里因懒散成性而被裁出去的第一人。

有朋友不解，也曾问她，小雯你这么优秀，为什么选了这样一块料。小雯歪着头想了想，她首先想到的是在大学校园里男友一边打球，一边冲着她笑，还有在食堂里，男友给自己的餐盘里一个劲儿地夹菜。那时他们都不富裕，小雯长期勤工俭学，而男友则能省就省。读大三时，小雯打算叫上男友陪她一起做兼职，可男友却根本看不上那种小钱。“你等着，等毕业找到好工作，我天天给你买好吃的。”男友摸着她的齐刘海，信誓旦旦地说着，只是那眼神有些飘忽，像是总不能聚焦似的。

毕业了，同学们四散到天涯，有多少校园情侣因为现实原因而选择了分手。他们口里说着“这辈子还是好朋友”，其实心照不宣地在想，这辈子再不要见面才好。可是，小雯还是说服了男友，带着他，拖着行李来到了北京，租住在事先联系好的一处居民楼里。

小雯在公交车上细细地想，这些年了，一直都是她在朝着梦想努力地奔跑着：大学时就自己赚钱缴纳学杂费，毕业了又是自己首先收到了北京一家公司的聘用通知。曾经，她既要忙着功课又要火急火燎地熬夜加班写稿。而男友呢，基本上就是尽量节省着用钱，偶尔地，他也会想着和同学们一起做兼职，但往往是坚持不了两天就将内心那奋斗的小火苗给浇熄了。他挂在嘴边的话就是，等毕业我找到了好工作，我来养你。然而现在呢，小雯真的分不清，究竟是谁在养活谁。

他说，他很累了，因为他觉得小雯跑得太快了。工作日忙忙碌碌，那是员工们的正常状态，但双休日小雯也从不睡懒觉，这就让男友大感惊讶了。“你难道不想舒舒服服地睡个懒觉？”男友怎能理解，对于小雯来说，拿着相机去北京街头拍秋叶，可是远比宅在家里睡懒觉、打游戏要有趣得多。况且，有些拍得不错的图片，还能被一些媒体选用，多少也能换些银子，即便不能变现为钞票，至少在拍照的过程中，也能体会到不少乐趣。

小雯的男友也不理解，为何一个女孩子会这么拼命。最初，小雯解释是因为自己家中经济状况不太好，母亲身体羸弱，总不忍再花父母的钱，让父母操心。但渐渐地，小雯却觉得这似乎也不是主要原因。母亲虽然身体弱，但她的薪水在当地来说算是中等，父亲一直忙着做小生意，即便算不上日进斗金，可一家人毕竟负担不重。后来小雯算是想明白了，自己之所以活得这么努力，是因为她喜欢这种充满元气的生活态度。自己还很年轻，还有那么美好的前景摆在自己面前，可如果没有之前这持续努力的积累，充满阳光的未来也不会成为伸手便可触摸到的现实。

想到这些，小雯收起了心中的疼痛。她知道，有些路，注定需要自己一个人来走。即便再怎么对那份感情依依不舍，也只能忍痛割舍掉了。有些人，或许只能带给自己一时的温暖，但却无法始终与自己相伴。

公交车在雾气中穿行着，就像一艘小船，载着人们驶向各自的目的地。小雯看着车窗外渐渐远去的那些高楼和车辆，心头反而舒展了许多。她给男友回复道“就此分开也好，祝好”。在发完信息后她才感觉到，自己原来并不如想象中的那般痛苦。既然无法一路同行，那么早点说拜拜也挺好，毕竟伴侣是要共同成长的，有些人如果跟不上自己的脚步，最终走散了也是必然。既然如此，那还痛苦什么？反正人生里的一些路，注定了只能一个人走。

懂的人会懂，不懂的人无需言说

那天他发了一封邮件给我。没有客套，也不说思念，更没有提起过去的事。他只是说，最近他不开心，但实在不知道该对谁倾诉。

这是与我相爱过的人，我们曾有过短暂的浪漫，如夜空中的烟花，灿烂了一瞬却走不到长远。我们约定，以后即便各自有了伴侣，也依然可以做最好的朋友——当对方有事时，愿意放下一切去倾听对方的那种好朋友。

这次约的地方，和三年前一样，一条小街上的茶楼。落座之后谁也没有去提往事，也没有寒暄，只是点了自己喜欢的茶饮，然后静静地坐着。

我在等他开口。他愣了半晌才说：“我被分手了。”

“那么原因是什么呢？”我眼望着窗外。窗玻璃上有他的倒影。

“她不懂我。就因为这个。”他很不好意思地笑了起来，又补充了一句，“当然，我也不懂她，一直都不懂。”

他的话倒让我想起了多年前，那时候他笑起来像孩子，洁白的牙齿闪着光泽，看到喜欢吃的东西就特别高兴，遇到烦心的事就显露在脸上。每天回到家里，他总要抱着狗，对那小狗说自己开心的和不开心的事，然后小狗就在他的怀里睡着了。我看到他们睡得很香，就像两个不谙世事的小孩子一样。

那时候，我也不懂他，他也不懂我。但是我们相处得很快乐。因为那时我们也有约定：该懂的事情，总能懂得；不懂的事情，也无须互相埋怨。别人没有懂自己的义务，而我们也不必一定要让所有的人都懂自己。

我盯着面前的茉莉花茶，看杯子里的小白花轻盈地浮在水面上，就像空中的云朵。他在我对面坐着，说他一直以来的那个小小心愿：住着有火炕的小房子，每天生柴火做饭，打井水浇花，院子里要有树，树上要有叫声好听、飞得好看的小家伙，然后在院子的一角种些小青菜，在房子周围架起篱笆，就像世外桃源一般。

说实话，我也不懂他的心思，但我尊重他的每一个想法。我一直认为，人与人之间最舒服的状态就是，你懂了便好，不懂也无所谓，不必有那么多小情小绪。心思这种东西，本来就是懂的人会懂，不懂的人也无需言说。把心思揣好了，留给那个真正懂的人，那也是一种幸福。

可是，他以为，两个相爱的人就一定要互相懂。不然就是不够爱，或者就是还隔着心。不仅他这样想，而且他的她也这样想。我记起最初和他在一起的时候，我也是这样想的。最后我们没有在一起，就是因为我觉得我不懂他，但我却忘记了，没有谁天生就能懂别人的心思，我完全可以尝试着去懂，或者即便不懂却依然笑着回应他的每一个心思。

“因为我不懂她，所以她经常向我发脾气，她说我不够关心她，但当我问她的想法时，她又要我去猜。如果我猜错了，她就埋怨说，我不是她要找的那个人。因为我不懂她。”是的，曾经我也不懂他，他也不懂我，我们就这样分开了。但事过多年，他还是因为同样的缘由再一次和喜欢的人分了手。

我说，其实那些年里，我也曾经不懂你。然后我又问，那么你呢，你是否想过，我们即便互相不懂，也可以牵手继续走下去。

“是呢，是呢。只是那时我不知道，有些人即便是你用了心去对待，其实也不可能完全地猜到她的想法，更不可能懂得她的每一个心思。”他说这话时脸上没有表情。曾经那个温暖而腼腆的他真的已经成为过去了。

忽而我又想起，说到底，所谓的懂与不懂，不过是我们心头的那些一厢情愿而已。因为喜欢对方、在乎对方，我们希望对方能懂我们，同时我们也是懂得对方的。但如果都懂了，我觉得才没意思呢。正是因为不懂，或者说不是特别懂，懂得不到位，沟通才成为我们和伴侣之间必须进行的一项重要活动。一个眼神就能看到对方的心思，那固然是好，可全部看尽了，想来也就没什么意思了。

同样的，我也不喜欢猜。不喜欢猜别人，也不太愿意别人猜我。最好还是两人坐下来，喝杯茶。要说事情时就不要喝酒，免得喝酒上头，因为一点儿小情绪就出口伤人、伤感情。两个人一边喝茶一边说话，好好地说话，不带着情绪去说话。我会老老实实地告诉那个人："你的想法我不能完全明白，但我很愿意听你再详细说说。"或许那个人会有些不耐烦，但如果他是真的在乎我，必然愿意花些时间仔细地和我说。所以，我想，衡量一份感情是不是真的深厚，并不在于双方是否互相懂得，而在于双方是否愿意花上时间去沟通。而且，任何一种懂，它都是因为有了不断地沟通。如果有个陌生人或者根本不相熟的朋友对我说他能懂我所有的想法，那么我不会有惊喜，我只会觉得他是在胡扯。

比起一眼便望穿的懂，我更喜欢两人面对面地沟通。只是那时候的我还没有参悟到这些道理，还曾因为不懂他的心思而自责、愧疚，也曾因为他不懂我的想法而苦闷不已。

"这些年，你还是一个人，是不是在等那个懂你的人？"他的声音有些颤抖。

我把目光从窗玻璃转回到他脸上："无所谓懂不懂的了，如果用心了，即便不懂，又如何？"其实我当时很想说，只要是自己喜欢的人，即便不懂也无需言说，因为有自己喜欢的人陪伴着，两人时不时的还能因为互相不懂而聊天闲谈，这样的日子想来应该也不错吧。

"可是，如果那个陪伴你的人不懂你的心思，你岂不是活得很累。”

我对他一笑：“如果是你，就不会累。”

说好了不谈过去，但我们谁都没能忍得住。可能是谁都无法从过去的影子里逃脱出来，毕竟那曾经是我们最快乐的时光——虽然那时很青涩，但感情却也最纯粹。那时我们喜欢猜，喜欢把懂或不懂当作衡量情感深不深、真不真的全部标准。那时他总说，要找一个安安静静的下午发呆，然而我总是很调皮，闹得他一刻不能清静。记得有一次，他刚泡好了茶，就被我一个不小心给打翻了。他呀呀乱喊：“茶很烫啊！”

但是，面前的这杯茶，已经凉了。

他问我在想些什么？我说，你猜。

他笑了，依然是一口洁白的牙齿。然后我说，我想种些花花草草。他就说，好啊好啊，那就让我照料吧。紧接着他又问：“我的意思，你能懂吗？”

是的，我懂。所以，无需再多言说。即便我不是特别懂，我也愿意把时间浪费在弄懂他的心思上。有时候，爱比懂更重要。

我们并非刀枪不入，
却希望别人百毒不侵

一个常年嗜酒如命的东北兄弟曾经戒酒了一段时间。我们问他原因，他说，心爱的姑娘总是提醒他少喝点儿，慢慢的，他就觉得有没有酒都无所谓，反正有心爱的人陪着他，酒又算个什么东西？！但是最近我们发现，他又恢复了一个酒鬼对酒的本能迷恋，只是，曾经的他千杯不醉，如今他的沾酒必倒。

不忍问他原因，因为我们都知道，他心尖儿上的那位姑娘离开了他。

看看，不论多么粗线条的汉子，沾上了情这个字儿，都是分分钟被撂倒。为了让他那张四方脸上能够重现笑容，大家又是请唱歌，又是自驾游，每一次他都是摆着一张冷脸勉勉强强地来，然后再不声不响地走。搞得一圈朋友都在说，这娃，这辈子就给毁喽。

另一个兄弟，西北人，皮肤很糙，眉毛很浓，笑起来很憨，对情人很好。情人说："我要去南京读研了，你不许每天再睡那么晚了，不许每天吃泡面，就算是分手，也得是我踹了你，不然，你敢不理我，我就死给你看！"

他嘿嘿笑着说："都听你的，都听你的。"然而，最后他们还是分手了。如那位姑娘所说，是她踹了他。在此后很长的一段时间里，他又恢复了单身汉时一手烟一手酒的颓废生活。朋友们都放心不下，连劝带哄终于把他骗出了租住房，带他去电影院看好莱坞大片。但电影尚未结束，电影院里便响起了他那雄壮有力的鼾声。经此事后，他的那些弟兄们便认定他从此再无崛起之日。

这两位朋友，从来都是粗线条、烈性子，前面那位曾经当街追过小毛贼，被人用刀划伤了手臂都一脸不在乎，后面那位读大学时正好赶上母亲重病，他四处打工凑钱，每天累得人都脱了形，居然还能接连拿到奖学金，愣是没有耽误了正经功课。

可是在情字面前，他们却毫无招架之力，似乎永远也跳不过去这道坎儿了。在爱情面前我们不得不承认，谁都并非是刀枪不入，但可笑的是，我们总希望身边的人能够百毒不侵。只要你看看自己身边，看看朋友的朋友，当有人失恋了、吵架了、单恋无果了、被父母生生拆散了，总会有一大群好心人跳将出来，乌泱泱地给人一种逼迫感。他们一口一个“要乐观，要坚强”，要么就是“以后总会遇到真正珍惜你的那个人”。说到底，都是劝别人的时候轻松，劝自己的时候难。

我们从来就不是刀枪不入，却硬是希望别人能够百毒不侵。所以当看到身边的朋友中了爱情的蛊毒，我们总是怀着一颗友爱之心去帮助他们从爱情的阴霾中走出来。我们总觉得，给那位为情所伤的朋友吃点儿好的，喝点儿好的，再找点儿乐子，实在不行了，就给 TA 看看这仁波切的法语，那大和尚的开示，各种心灵鸡汤轮番灌，这就能让 TA 把之前经历过的狂风暴雨自动忽略掉，将心灵世界自动更新到阳光遍地模式。其实这种想当然的做法虽然充满了善意，却总给人一种施舍冷饭的感觉。

还是说上面提到的那两位小兄弟。某天他们两人聚到一起，三杯两盏淡酒下肚，就开启了海阔天空的吹牛模式。一个说，上个月收到了前女友发来的短信，她说她过得很不好；另一个说，嗯，我的前任也联系我了，大半夜打了个电话来，呜呜呜地一直哭，哭得我也跟着稀里哗啦。一个说，虽然想想当时我们吵架分手很来气，可毕竟当时自己也有不对之处，不该对一个姑娘胡乱吼；另一个说，曾经她嫌弃我这，嫌弃我那，分手时还说了很多伤害我的话，但听她哭得那么伤心，还是忍不住想抱抱她。

东北的那兄弟说，看来爱上一个人，那就等于是有了软肋，只要她说过得不好，我就像是被人一刀捅在了要害上一般。

西北的那哥们儿讲，原来以为过去了也就过去了，没想到只要和她打电话，我说话的声音都软了下来，放下手机，我往床上一倒，真想嗷嗷地大哭一场。

这两个小兄弟，慢慢地开始从过去的阴影中走了出来。一个已经牵手佳人，准备谈婚论嫁；一个慢慢打开心结，在考虑要不要接受某位师妹做女朋友。现在他们过得还不错，而且都很有智慧。因为有一次朋友们聚餐时，有人不长心，毫无眼色地问了一个特别尴尬的问题：“你俩给兄弟们说说，被女人甩了之后，都是怎么捱过痛苦时光的？”有人瞪他，有人打哈哈，要岔开话题。但西北汉子端起酒来一口给倒进肚子里：“当时是很痛苦，但至少也让自己学会了怎么去爱人，还让自己懂得了什么是爱。我是个糙人，我不会说什么情话，可我知道是曾经的那个人改变了我。”

问话的那人一抱拳：“等我哪天在感情世界里沦陷了，大哥，你可得来拯救我啊。”

西北的哥们儿还没说话，那位东北的兄弟倒发言了：“可别介，我们俩谁都不是百毒不侵的主儿。谁受伤了，谁就自己疗伤去吧。劝人的事儿，我们可不会干。”

发问的那家伙一脸讪讪，那表情就跟三流小报记者费了好大劲也没能挖出来想要的料一样。

在爱情面前，谁都不是刀枪不入的硬汉，个人的情伤得个人自己疗，自己想明白了又何需别人来劝。所以，当身边哪位朋友在失恋之后出现各种不适应症，我们也真的不必出于真心或假意地去安慰。如果有心，默默陪伴便足矣。你又怎能说，情伤中绝对开不出芳香的花？受过伤的人，就一定会患上爱无能这种失恋后遗症呢？在爱中受了伤，其实也提供给自己足够的成长空间。不论是汉子还是妹子，都绝少真的会因为一两次的情伤就从此萎靡，反而是在很多时候，越是劝，越是安慰，便越是助长了他们内心的软弱，纵容了他们内心那个爱哭的小孩。

既然我们谁都不是刀枪不入，那干脆也就不要希图别人百毒不侵了吧。

最后偷偷告诉你们，在写下这些文字时，我刚刚从一段情伤中走出来。在爱情面前，什么刀枪不入，什么百毒不侵，都是浑话，——如果真的没有了遗憾、伤痛，那么爱情给人之成长带来的意义便微弱了许多。

当你足够好，总会遇到 TA

在这个城市里，我们与身边的人其实并没有什么两样：在外面，衣着得体，外表光鲜，彬彬有礼。遇到熟悉但不喜欢的人时，再不似年少时那般扭过头去，装作从不认识，而是会在第一时间里脸上绽放出微笑——不管那笑容是出自假意还是真诚。

我们工作努力，为人踏实，信奉的准则多是“曾经受过的苦，总能照亮自己脚下的路”，或者“自己总能配得上，更美好的生活”。我们力图让自己活得更励志，因为我们都深深地信奉“当我足够好，才会遇到你”这句爱情箴言。不论是为了爱情，还是为了某个美好的目标，我们都努力地向着阳光生长，向着“足够好”那三个字挺进。

当然，即便人人都在打着鸡血扮演着“励志姐”“奋斗哥”的角色，也总会有那么一两个另类不屑于在励志的大军中穿行，比如经常来杂货铺里晃悠且一坐就是个把小时的沈俏俏，就是这种另类中的极品。如果某一天有人能将沈俏俏平日里的豪言壮语记录下来，那么她当被尊为脂粉堆里的土匪、女文青中的霸王。

之所以对她做出如此评价，并非是猫超我与她“私人恩怨”颇多，而是实在很轻易地被沈姑娘的各路神句拨弄得颠倒痴狂。比如某一天，猫超我借来沈姑娘的一本小说，翻到扉页赫然看到这样几个大字：“我已足够好，总能逮到他。”且先不管这本小说的情节有多穿越、故事有多狗血，单是看到这么几个字我直接就 high 了，然后就热泪盈眶了，继而青春马上就不迷茫了。

有一次几个朋友小聚，席间大家聊的话题甚是重口，一个不甚相熟的女孩可能是实在无法适应，便以临时有事为由而早早退席。她走后，便只剩下沈俏俏和我这么两枚女士了。

坐在一群男生中间的我们俩，颇有小羊落到狼群里的感觉。沈姑娘一边大嚼大喝，一边听着周围的几个男生大聊特聊自己在外面的“英勇战绩”。那内容，那语气，真给人一种“酒后直捣黄龙”的即视感。

我捅了捅身边的沈俏俏：“咱吃的差不多了，也该走了吧。”我小声提醒她。但见沈姑娘站起身来，一拍桌子，鼓着一张油花花的嘴说：“若是我的男人以后真在外面有了别的姑娘，我是断不会生气翻脸的，可若是他在我面前一把鼻涕一把泪地说都是别人如何诱惑了他，那么我便不高兴了！我都觉得人家姑娘白白地跟他好了一场。这种人，没劲！”

说完，沈姑娘抓起面前的纸巾胡乱地抹抹嘴，说声“告辞”便离席而去，猫超我只得左右两手各拎着我和沈姑娘的包，紧紧地随在她身后。

我说：“你嘴巴上还有油呢。”

她说：“这有什么要紧？反正我还打算再买几个烤串、几瓶啤酒呢。”

后来一次饭局上，有哥们儿打趣她：“沈俏俏，就算你再怎么大度能忍，你也得先找到男朋友之后才能有机会表现一番啊。”

“急什么？难道你这辈子是当太监的？”已年过 30 的沈俏俏不紧不慢地反驳着，以一种从容的语气表达着心底的不满。

“你看你，整日烟酒不离手，各种段子不离口，哪个男人敢娶？你要想找到对的人，那就得先改变自己。当你变得好了，才能遇到对的他嘛！”

“呸！老娘我已足够好，总有一天会逮到他。”一句话说完，一杯啤酒也进了肚。沈姑娘用手抹了一下嘴巴，昂首挺胸地离开饭桌，雄赳赳地奔赴别的地方。

“微胖”“爷们儿性格”“头发稀疏常出油”“吃货”“口无遮拦”“吃苦耐劳、欠缺温柔”……所有这些形容词都恰到好处地组合出一个典型的女汉子形象，而这个女汉子其实有个很婉约的名字，沈俏俏。

其实，沈姑娘以前虽然身材微胖、头发稀疏，但性格却完全不是现在这样呢。那时的她自卑而隐忍，看似天生好脾气，其实是不想得罪别人罢了。据说沈姑娘所在的院校里男女比例早已失衡出了国际水平，所以，即便她不瘦、不美、不白、不会打扮，但一副和气的性格外加长期带着微笑的脸，也成为一些男生喜欢的对象。

沈姑娘知道自己永远不会与“柔媚”“娇小”“时尚”“萌”这些在其他女生身上轻易可见的优点有片刻姻缘，因此她惟有以好性格示人，希望这人皆称道的好性格能带给自己好运气。但她的幼稚也正在于，在这个看脸不看心的时代里，偏要用一颗真心对待所有的人。江湖上有句话说得好啊，“用真心对待别人，可以收获快乐，但更多时候收获的却是烦恼”。沈姑娘便是如此，确切地说，她极少收获快乐，每天都是烦恼，除了烦恼还有满心的伤痛。原本打算在大学毕业后便随着男友回到他家乡共谋发展的她，在一片如水晶般剔透的真心被他揉碎了之后，便再不对爱情抱以任何幻想。

以前沈姑娘经常挂在嘴边上的一句话是“我还不够好”，这原本是用来当作别人问起自己私人问题时的万能回复，结果却发现自己在这句无比恶毒的自我催眠中果然是越来越不好。人们都说“爱笑的姑娘，结局一般都不会太差”，但纵观沈姑娘的人生经历我们不难发现，她的结局通常来说那都不是一般的差。如果说屡次被发好人卡已经成为青春年华中无可逆转的悲伤，那么经常被人渣粘上则已经成为继“好人卡”之后的又一则铁的定律。

“唉，压根儿就不该对这个世界存有幻想啊。”我听着沈姑娘讲述起自己的故事，忍不住发出这样的感叹。但其实我真正想知道的是，为什么在爱情屡次受挫之后她还能笑容满面地面对世界而从没有对他人的幸福报以怨恨；为什么她如此大大咧咧、口无遮拦、男人一样地活着，也不肯稍稍地向身边的萌妹子们看齐，以便在未来的人生道路上为自己挽回一点“尊严”。还有，为什么她性格那么好，却迟迟遇不到真正欣赏她、爱慕她的人？难道这世界真的已经残酷到一定要把颜值低的人打击到粉身碎骨才能引发全民高潮的阶段了吗？

但看到沈姑娘在日记本、新书扉页、电话簿上面端端正正地写着的“我已足够好，总会遇见他”，我总是觉得，像沈姑娘这样伤痕累累却又坚强不屈地生活的人，才是世间最励志的存在。

“沈俏俏，我今天有约会，这个财务报表，你帮我搞定吧。”

“俏俏，我今天生理期，身上很难受，这个进度你帮我赶一下吧，稍微帮帮我就 OK 啦。”

“哎，沈俏俏，我遇到麻烦事儿了，先借我点儿钱，过两天就还你了。”

工作之后，沈姑娘依然是单位里出力最多但却最不被重视的那一个。“你得留点儿心眼，不要那么好说话。”沈伯母经常这样叮嘱她，但她知道不论怎么叮嘱也无法帮女儿在单位里扳回一局了。

沈姑娘就这样在这个冷漠薄情的世界中茁壮地成长，但也许真的是她每天都对自己进行暗示的那句话产生了神奇效果，在被人伤害的同时，她身边真的聚集起了许多真诚的朋友，尽管还未迎来爱情，但却已收获到许多坚实的友情。

作为与沈姑娘相识了近半个甲子的老熟人，当我与她聊起来她的人生经历时，她总会感慨万千，尽管煽情的内容很多，但总结起来无非就是这么一句话——我本来就很好，哪里还用变得更好。人们往往听到这里就妄下论断——这是个自恋到无以复加的姑娘，但俏俏的话还没有说完，“我的好，全是拜身边的朋友所赐。”

用沈姑娘的话来说，她是每一天都活在感恩之中，比如李家小子帮她搞定了电脑故障，她要感恩一会儿；再比如，张家大姐帮她买来午饭，她还要感恩一阵，尽管电脑故障并没完全排除，买来的午饭里尽是她不喜欢的肉类，但她还是会心怀感恩。因为她坚信，尽管生活如此混蛋，但未来还是会有惊喜等待着自己。

或许，真的如她所说，自己已经足够好，总会遇到生命中更多的美好。她的生命中开始出现变化，出现惊喜。虽然那个他直到现在还是没有出现，但沈姑娘依然满面春风地经营着自己的生活，心怀感恩地向着阳光生长。

那一天，沈俏俏穿着一身大花衣裳出现在我面前时，我着实被惊吓到了。我刚想开口："又是谁家的粉面小生伤害了你那玛丽苏般的玻璃心。"她倒抢先开口说："猫超，我恋爱了。"

她说起的这段新恋情，发生在她被老板开除后的第二个星期。尽管因为丢了工作而有些闷闷不乐，但她却在微博上写道："人生，有时候就是需要停一停。惟有暂停，才能继续。生命中的一切，莫不如此。"发完这条微博的第二天便有男生向她告白，而她在思考了一分钟之后便答应了他。

没有人再讥笑她的这次爱情选择为"饥不择食"，也不再有人面带笑容说"祝你幸福"却暗地里推测他们什么时候分手。我说，我希望她和他能走到最后。她说，凭什么是你希望啊，我的命运我自己主宰，好伐?

是啊，是啊，沈悄悄你已经足够好，也已经遇到他，你看，马上你就要领证去了，你的命运当然是你自己主宰了。

当我们笃定地顺从着自己、感恩着世界，便迟早会遇到那期待已久的幸福，旁人觉得那是“幸运”，而我们自己却知，那是一种必然，惟有满怀着希望、洋溢着美好地生活，才能让我们成为那足够好的自己，遇到那足够好的 TA。

暗恋是一场旷日持久的修行

别人都说暗恋是一场独角戏，在暗恋的时光里总是忧愁多过欢乐。可对于“学长”来说，他却觉得暗恋是一场修行。

学长是一位好小伙儿。他比我小，只因在他参加单位组织的培训时开玩笑说：“真有一种回到大学的感觉。”然后我就说：“那以后就喊你学长了。”于是，每次我有事情时都会喊他，“学长，去我朋友圈点赞，×× 商场积赞可领取小礼物。”“学长，帮我充话费吧，回头给你发红包。”

作为一名好脾气男生，学长从没有拒绝过我的求助。所以当他有了心事来找我时，我也没有因为加班而将他拒之门外。

但即便他不说，我也能猜得出来，学长有了喜欢的人。他说，他暗恋那个女孩儿，已经不是三两天了。

“那就是三两个月咯？”我一边给他面前的杯子里倒啤酒，一边开着玩笑。学长俩眼一眯：“可能，比这个时间还得长呢。”

“哦？”我来了兴致。我很难想象，学长暗恋的那个姑娘到底是何方神圣。

有了酒，一切就都好说了。学长这个人，平时虽然也算是颇有亲和力，但总不是特别喜欢说话，女生问他话时，他也从没有附带多余的表情，经常是“嗯嗯，对啊，挺好的，很不错了”，没有哪句话是伤人的，但也没有哪句话能让人产生非分之想。可是喝了酒之后，学长的话匣子也就打开了。他半眯着眼睛，说那姑娘有一头长过腰肢的秀发，又说那姑娘文静时仿若初绽的莲花，活泼起来就好比林中的小鹿。

看着喝得红光满面的学长，我真不忍打断他。其实我特别想问一句：“你打算什么时候表白？看你爱得这么深，你内心一定很期待吧？”

学长俩眼一瞪：“期待什么？我和她必然没有未来。”

“呃，难道你爱上了有夫之妇？”我本来想说，其实这真的没什么，你看看荷尔德林，还有劳伦斯，都爱上了有夫之妇，最后都留下了不朽的著作。但学长把头一低：“别瞎说，她还单着呢。只是，我和她，肯定不会有未来的。我走的这条路，是一场旷日持久的暗恋。”

真怂包！我在心里暗骂。喜欢就去说啊，何必自己搞得这么纠结，又不是在演苦情戏。既然男未婚，女未嫁，那有什么不可说的呢？

“她，她比我大了十岁。”学长把头埋得更低了。

吓我一跳。我心说，我还以为那姑娘是得了什么不治之症，学长一直嚷嚷着“没未来”，这可不能怪我凡事都往坏处想。

认识了快两年，就能爱得这么深，爱得这么深，又不想让姑娘知道，就因为姑娘大了他十岁。这算什么事啊！姐弟恋多的是，《爱情天梯》里的那老爷爷老奶奶，也是女方大了男方十岁。还有明宪宗的宠妃万贞儿，她大了皇帝十七岁，都没有被皇帝嫌弃。

学长把头埋得更低，肩膀轻轻耸动着，像一个等了好久才见到心上人的小姑娘。“唉，她不仅比我大了十岁，而且还特别优秀，她读过很多书，写过很多文章。我不敢表白，是因为怕被她嫌弃。”

说完，学长紧紧地抿了一下嘴唇。于是，一直盘旋在我心头的疑问也终于得以解开：为何他一直很努力地工作，为何他哪怕抽出五分钟时间来也要读书，为何他参加了社会公益组织，为何他每天早早起床坚持去跑步，在空闲时又坚持练习厨艺。

原来，他是为了要变得更优秀，而他之所以要变得优秀，是因为他把这场暗恋当作了一场修行。

我轻轻地问，你会恨那个姑娘吗？我是说，如果你表白了但又被她拒绝了，你会恨她吗？

学长脸一红，嘿嘿一笑：“怎么会恨呢！虽然我也很想和她牵手漫步人生路，但我也知道，如果能在一起便是最好，但万一没在一起，也很好。”

也是啊，当初我也曾抱持着这样的想法。那时候，我大概十七八岁，喜欢着一个特别优秀的男生。当然，那时所谓的优秀其实无非就是学习成绩好、品性优良这些。但那个男生爱生活，爱读书，爱音乐，他身边的朋友都很喜欢他。我就想，如果有一天我也能成为像他这样的人，该多好啊。于是，我就在这场旷日持久的暗恋中不断地修行着。十年过去了，我已经二十七八岁了，我终于能对全世界说，这个暗恋了十年的人我终于放下了，因为他成为了别人的新郎。

当我得知他结婚的消息时，那心里可真是难受啊，同时还有些不甘。陪伴多年的朋友说，你这么优秀，还怕没有男孩子追？他错过你，是他没这个福气。虽说这话只是个安慰，但转念一想，好像事实也确实如此。在那场旷日持久的暗恋中，我每天都像他那样去生活，读书、听音乐、尽自己所能地帮助别人，尽管学习成绩也还是那个德性，可终究是成长为一个热爱生活的人。我身边的朋友都喜欢我，相处过的男友即便在分手之后也送给我最真诚的祝福。我想，暗恋的意义可能就在于，我们将自己变成了更好的人。因为在暗恋中的你我，看到的全是对方的闪光点，于是自然而然地就会去模仿这些闪光点。于是，当某一天我们从这场无果之恋走出来时就会发现，自己真的是比以前不同了。但前提便是，我们不要带着怨怼与恨意看待暗恋对象，既然已经选择了暗恋，既然已经确知了这是没有结果的投入，那么就让自己在暗恋的过程中不断修行、不断进化就好，说不定某一天，会有那么一个人，牵起我们的手与我们相伴同行。

“喂喂喂，你在想什么呢？又在发呆啊。”学长的一只手在我面前晃啊晃，这时候我注意到他的眼睛。虽然今天谈的是伤心事，可他的眼睛里全是坦然和平定，还带着那么些许激动。也是呢，二十出头的年纪，正是应该憧憬未来的时候。

“我在想……”

学长做了个暂停的手势，他说：“你想知道我暗恋的那个人是谁吗？”

“不知道。”其实我想说的是，如果猜对了，会有奖励吗？

“笨蛋，我说的那个人，就是你呀！”学长脸上泛红，谁知道那会不会是喝了太多啤酒的作用？

我想说声谢谢，但最后说出的却是“抱抱我，可以吗”。

因为我也喜欢着他。但如果有人问，为何在毫不知情的情况下，听着自己喜欢的人诉说他暗恋别人的事，我居然还能这样沉得住气。我想，那可能是因为我在之前的那场暗恋中真的修行出了定力。

喜欢的人若也喜欢着我，那更好。

喜欢的人若是喜欢着别人，那也很好。

因为自己暗恋着的那个人，让自己成长为更好的人。所以，暗恋没有什么不好，在这场旷日持久的修行里，赢家终究还是自己。

第二辑

愿你的孤独，能有人陪伴

每个人在成长的路上，总少不了汲取他人身上的温暖。这些温暖，可能来自异乡的陌生人，也可能是身边的某个朋友，甚至是喂养多年的小宠物。是的，每个人都要学会与生命中的孤独相伴，学着一个人也能活成一支队伍。但我更愿，你的孤独能有人理解，并且有人陪伴。

谢谢你，亲爱的陌生人

1

生长于江南水乡的筱妍第一次来到北京正值寒冷透骨的12 月。纷纷扬扬的大雪漫天飘飞着，覆盖了街道，也覆盖了筱妍追寻幸福的眼。

为追随爱情，她离开故土，来到这样一个陌生的地方，满眼皆是陌生的人。然而老天并没有眷顾她的痴情，反而以残酷的现实浇熄了她对爱情的最后一丝向往。

在心怀浪漫、爱情甜蜜的人看来，北京的这几场大雪把真实的世界布置得如同弥漫着温馨幸福的贺年卡一般，但在身心俱疲的筱妍看来，这几场大雪倒是让她愈发地感受到了异乡的孤寂。人在他乡，爱情失意，工作待遇更不能和原来的相提并论，筱妍找不到继续坚守在北京的理由。她只想离开。

但在离开之前，筱妍还想去拜访一下友人。按照友人给的路线她在积雪的街道上慢腾腾地走着，可先天路痴的她却怎么都找不到友人所在的住宅楼。无奈之下，只得向迎面走来的一位老大爷问路，筱妍很担心，自己这蹩脚的普通话会不会影响交流。

老大爷瞄了一眼筱妍记在纸上的地址，倒没急着说知道或不知道，他抬头朗然一笑："得嘞，姑娘，咱们俩正顺路，你就跟我走吧。"筱妍倒也没多想，就跟在老大爷身后。走了约摸十来分钟，老大爷停住脚步，他指着前方路口说："过了那个红绿灯然后向右边一转，再走一二百米，也就到了。"

见筱妍重重地点了一下头，老大爷却调转方向往回走了。筱妍惊了一下："您怎么还按原路返回啊？"

"姑娘，刚才你问路的那地方，附近就有片小区，我家就住那边儿。我怕给你指路指不明白，这边儿岔道口又多，干脆就送你走一段吧。现在距离你要去的地方很近了，路上小心啊！”老大爷一番叮嘱之后迈着稳稳的脚步边走边小声哼唱，“包龙图打坐在开封府……”

后来，筱妍对友人说，假如是在书上看到这样的故事，那么她会觉得这情节太过老套而提不起兴趣；但是，当这故事真的发生在自己身上时，她却觉得心里很暖。直到她回了老家之后，每每与人说起这段往事，都略带愧疚地说：“唉，当时我竟然忘记向这位陌生的老大爷道谢了呢……”

2

雪儿爱上了一个足足大了她十岁的男人。为了他，雪儿不惜与父母闹翻，然后在一个月明星稀的夜晚，她毅然决然地与他私奔。雪儿一字一顿地说：“这辈子，我跟定你了！”

怀揣着生死相伴、患难与共的誓言，他们来到深圳谋生。面容姣好、活泼外向的雪儿很快便在一家小有名气的酒吧找到了工作。而大她十岁的那个男人虽然看起来每天都很忙碌，可他的每一份工作都做不长久。雪儿说他欠缺耐心，他指责雪儿干涉他的私事。当油盐酱醋消磨掉最初的浪漫和激情，两人之间龃龉不断，原先的小吵小闹开始不断升级，以至于有一天那男人竟然狠狠地推了雪儿一把。雪儿重重地摔倒了，那男人却头也不回地走掉了。

那些不离不弃、生死相依的誓言还未彻底冷却，雪儿却在遭受身体疼痛的同时还要面对精神上的打击——那个令她着迷的男人，在一片“花海”中游玩得不亦乐乎，早已忘记了当初的承诺。

“回到老家吗？可我如何能回得去？”雪儿并非不想念父母，尤其是在遭受了种种痛苦之后，她愈加憎恨现在的生活。这一天，雪儿与他大吵一架之后便负气出走。她原本是打算先去小姐妹家借住一晚，第二天一早就坐高速客车回老家。

天色已晚，雪儿本来还想着，如果是他联系她，无论打电话还是发短信，哪怕是说些赌气的话，她也会回家的。可是，他没有。而雪儿无论如何，都没有勇气拨打他的号码。在深圳繁华的街头，雪儿漫无目的地徘徊着，足足两个小时，她始终没有等来他的讯息。

夏季的深圳，闷热而潮湿，虽说已是夜晚，但那扑到人身上脸上的夜风依然带着生猛的暑气。雪儿坐在街边的一个角落，一边抹着眼角，一边翻看手机。“你为什么不开心呀？”雪儿抬头看时，发现有个穿短裙的时髦姑娘站在自己面前，她的眼神是迷离的，身上散发出的酒气是浓烈的。从这身装扮来看，很可能是个陪酒的姑娘吧。

雪儿有些害怕，她向来不喜欢这类烟花女子，总觉得她们虚荣拜金、贪图享受。她站起来正要走开，却听那个时髦姑娘又问：“你为什么不开心呢？这么晚了还不回家呀？”

“那你为什么不开心呢？”身在异乡又受了欺负的雪儿见有人如此关心自己，不由得把紧绷的心放松下来。她转身坐在路边，那位时髦姑娘也就与她并肩坐下。

“早些年，我就来到这个地方了。”时髦姑娘点了一支烟，她向雪儿絮絮叨叨地说起了自己的陈年往事。从重男轻女的家庭说到外出打工的奇遇，又从如何地遇人不淑谈到怎样在欢爱场上摸爬滚打。雪儿听着听着就“嘤嘤”地哭了起来。时髦姑娘却爽快地一笑，她说，我和你说这些，可不是要你同情我哟。

雪儿摇摇头，她说她只是想起了老家的父母。时髦姑娘吐了一口烟：“想家就回去呗。虽然不知道你为什么寂寞，但我觉得，你完全可以活得快乐。即便不能与心上人长相依偎，却可以对着那些委屈的过去唱情歌。”

说完后，时髦姑娘给了雪儿一个大大的拥抱。她说，祝你幸福。雪儿回答，我们都会幸福。当晚，雪儿借住在小姐妹家中，第二天便乘高客，踏上了回家之路。

在车上，她帮一个带孩子的妇女哄着啼哭不止的孩子。回到家之后，她说深圳是个好地方啊，她要好好地在那里发展，但是现在，她想下厨给爸妈做一锅热汤面。

雪儿想，或许很多年过去后，她都依然会记得在深圳的那个夏夜里，有过那样一个妖艳时髦的姑娘，曾给予她这个异乡人那么多的温暖。

3

李帆对吉祥说，我前女友从国外回来了，她现在过得很不好。吉祥不耐烦地摆摆手，她说，这已经是最近五天以来她第 N 次听到这样的话了。

李帆不肯罢休地追问，你想怎样呢，沈吉祥？

吉祥把脸埋进书里，随便你吧，我成全你俩。

十分钟后，李帆出了家门。五分钟后，吉祥收到李帆发来的短信，只有很简单的三个字：对不起。

相恋三年，原计划明年便迈入婚姻殿堂的吉祥本也没有什么长远打算，她只想过着平淡而温暖的生活，下班回家后读读书，周末不忙时到处走走。为了李帆，她来到这个陌生的江南小镇。就像这里许多的外来妹子一样，吉祥经常想起老家，由于是家中独女，吉祥自然是在娇惯中长大。有时候李帆打游戏状态正酣，吉祥就在微信上和爸妈聊天。渐渐地李帆便不能理解她的这些举动：“你要是那么想家，你就回去呗。”李帆随口而出的一句话，竟成为直戳进吉祥心中的刀子。

李帆离开之后，吉祥的生活步调一下子被打乱了。她把这些事告诉给爸妈，吉祥的妈妈一面骂着李帆一面安慰着吉祥，“丫头，回家吧，咱们再找个新工作。”吉祥也很想回家，可是，真的就要这样丢盔弃甲如败兵奔逃一般地回家去吗？

吉祥在熬过了一个无眠的夜晚之后，带着倦容走到车站，准备挤公交车去上班。在等车时，吉祥被一个匆忙过路的行人撞了一下，瘦弱的她险些被撞倒在地，多亏一个大哥急忙扶了一下，吉祥还没道谢，就听那大哥说：“小妹没事吧？现在正是早高峰，人挤人的，可得当心点儿。”

上车之后，个子不高的吉祥要想抓住吊环很是吃力，于是她身边的一个男生主动站起来让座给她。吉祥心怀感激地坐下来，她望着车窗外心想，这个城市可比那个狼心狗肺的李帆可爱多了。

来到单位后，吉祥帮王姐拾起散落一地的文件，王姐一边道谢一边夸赞：“哎，吉祥啊，你今天这身衣服可真漂亮！”工间休息时她又写完了一篇杂志稿，这是她前不久才联系到的一份兼职，还是王姐帮忙联系的呢。快下班时，她们科长说下周出差的人选已经定下来了，在五名选派员工中只有吉祥一个是新人。“沈吉祥，你的工作能力很不错哟！”王姐和办公室里其他的同事们由衷地为吉祥高兴。

等大家下班都走掉后，吉祥又加了会儿班。可不巧的是，她刚从办公楼里出来就赶上下雨。本打算冒雨去车站的吉祥刚走了没几步，就发现有把伞撑在自己头上。另一个科室的小张笑嘻嘻地说：“吉祥，今天就让我送你去车站吧。”

一路上，吉祥与小张有说有笑，她忽然觉得，面前的小张虽不如李航那般帅气，却从眸子里透露出真诚和踏实，同时她也发现，在这下着雨的安静的小镇，竟然能让两个本不是很熟悉的“半陌生人”感觉如此惬意。

到家后的吉祥迫不及待地给家里打了电话，她说她很喜欢这个小镇，安静却也充满了朝气。“嗯，我就不回去了，我对这里已不再陌生，况且，我的事业才刚刚起步呢。”吉祥最后说道。

其实，那些陌生人或者“半陌生人”带给自己的温暖并不比李帆给的少，况且，能够与陌生人或者“半陌生人”温柔地相处，这原本也是生命的一场修习。在每个独自面对的深夜里，吉祥总是充满善意地在想，明天又会遇到哪些陌生的面孔，见到哪些陌生的笑容呢？

如此去想，她便欢喜得如同心头有花儿绽放。

一杯热奶茶的温暖

带伞的时候，阳光遍地；不带伞的时候，偏就下起了雨。

不洗衣服的时候，总是晴天；刚把脏衣服浣洗干净，便有乌云遮住了太阳。

想一个人安安心心地埋头读书、应付考试，可总是烂桃花不断；待真正喜欢上某个人时，却因对方随口说出的一句“你是好人”就不得不打发掉满怀春情，继续享受着寂寞孤独的人生。

玲子就是这样一个运势极差且毫无反转机会的女孩，别人都是在曲折中前进，在风雨后迎来彩虹，可她却只有被雨淋被风吹的份儿，彩虹还真是见都没有见过，每一年过生日时朋友们发来的祝福短信“祝你心想事成”听来都让人觉得讽刺——明明她就是典型的心想事不成。

比如在大学即将毕业时，她本来是要前往南京投奔发小的，可造化弄人的故事却再一次发生在玲子身上，阴错阳差地就去了北京。“虽然实习的单位待遇一般，但总还是比没有实习单位的要好些吧！”玲子这样安慰自己。在外人看来她是那般的平静恬淡，可实际上她的那颗心早已被屡屡与自己作对的现实生活折腾得人仰马翻、疲倦不堪，若是悲怆的遭遇再多上哪怕一分一毫，她那颗心就会碎一地了。

初到北京的玲子还未来得及好好感受这座古都散发的文化气息和蓬勃活力（说实话，也可能是她压根儿不想感受），便被连续几日不散的雾霾彻底撂倒。咽喉肿痛、咳嗽痰多，就连说话声音都不再似从前那般悦耳动听。

虽然换了新城市，但玲子并没有盼来好运气，生活还是继续与她作对，像是铁了心要考验一下这个姑娘对人生是否足够热爱，以便确定下一次的风暴是不是要来得再猛烈些。

在实习单位，玲子总是来得最早、走得最晚的那个，打扫卫生的阿姨见得多了，便总和她打招呼：“姑娘，天天都来这么早啊？你是不是单位里管事儿的啊？要不就是你们领导特别器重你吧？”

玲子苦笑着想，自己是单位里混事儿的还差不多。尽管现在她如此卖力地工作，但仍然得不到领导的青眼，反倒招来同事的排挤。明里暗里的亏吃得多了，玲子便多少有些灰心，在忙了个通宵却还是被组长找茬骂个狗血淋头之后，她连午饭都没吃，便自顾自地在单位附近散起步来，——其实她只是想借窗外的太阳晒干眼角的那抹湿润，如此而已。

太阳再暖，可毕竟也是到了秋季，偶有风起，便能把人吹透。玲子转身走进一家小店，找个角落坐定后，便低着声音对服务生说：“要一份甜点，就这个吧。”她指着甜品单上价格最低的那款甜点。

很快地，甜点便端到玲子面前，同时端上来的还有一杯热奶茶。“呃，我不记得我点过奶茶啊……”

“女士，您好，这是我们老板赠送给幸运顾客的奶茶。”四平八稳的声音里满带着几分温暖，这使得玲子很受用。

“幸运顾客？”玲子惊讶得抬起头时才发现，这服务生有一张相当清秀的脸。她张了一下嘴，只是说声“谢谢”，心中仍是止不住的困惑，“哈，我也会有幸运的时候吗？”因为挂心着单位的事，玲子三下五除二就把点心吃完了，她结账之后低声说了句“非常感谢”，然后便匆匆离开了小店。只是，从那之后，玲子几乎每天都要来这家小店坐坐，有时手头宽裕了就会点一些其他好东西来犒劳自己。不过，无论点什么，热奶茶可是必点之物。

日子不急不缓地过着，虽说已到了飘雪的时节，但不久之后便可迎来明媚的春光，而玲子似乎也看到了转运的迹象，每天都喜滋滋地度过：组长不再吹毛求疵，之前纠缠不清的烂桃花无影无踪，办公室里的某人伸出了橄榄枝，单位的大BOSS开会时着重表扬了她……虽然小坎坷小波折还是不断，但也总算是看到了生活的盼头。玲子在微博上写道：“生命中不只是有冬天，即便身处冬天，也不是只能与凄凉、寒冷、孤独为伴。”

这一天下班之后，玲子照例来到那家小店，只是她仅点了一杯奶茶，末了付账时还要付两杯的钱，说是要对店老板最初赠送的那杯奶茶表示一下谢意。

“算啦，算啦，姑娘执意要付钱的话，那我就笑纳了。

不过，为了答谢姑娘一直以来对小店的支持，我准备送你一杯新调制的‘幸运天使’，希望在这大冷天里，这一杯奶茶的温暖能够帮姑娘驱走严寒。”店老板是个爽快活泼的美女，黑亮的长发被高高的束起，更显得她面容俊秀，充满了活力。美女老板手脚麻利地给玲子递过来一杯奶茶，她的这一举动让玲子感动得不知说什么才好，而更令玲子想不到的是，装奶茶的口袋里还有一张卡片，上面写满了字，那字迹俊逸潇洒，如流水行云，倒好像男生的字一般。

玲子一字一顿地读着卡片上的字："那天，我透过玻璃窗看到你在街边徘徊了好久，姑娘，想来你一定是受了什么委屈吧。在这大都市里我们都是陌生人，但我依然渴望用这陌生人的关怀来赶走你满心的委屈。一杯热奶茶的温暖送给你，祝你心想事成！"

后来，玲子与那位美女老板成了朋友，她曾很小心地问，为什么要送一杯奶茶给一个陌生人。美女老板莞尔笑道："正是因为陌生，所以才需要温暖啊。"玲子这才明白，她并不是这家小店"温暖"过的第一个人，当然更不可能是最后一个。这位美女老板最初创业时也是一路摸爬滚打熬过来的，用她的话来说"既然曾经被别人温暖过，那么索性就把这温暖传递下去吧”，玲子觉得这句话里充满着一种美好的生活姿态，于是就拿来作为QQ签名了，至今都没有再换掉。

在这座陌生的城里，玲子经历过一番摸爬滚打变得皮实多了，再也不是当初那个动不动就掉眼泪的小女孩。如今的她虽然仍带着青涩，但明眼人依然能够透过这青涩看到她的生命正在走向成熟和饱满。她的生活中依然还是充满着各种波澜，但也处处洋溢着发自内心的温暖。她总是对身边的人说，她就是一杯热奶茶，要温暖每一个出现在她生命之中的人。

一杯奶茶，不过几元钱，但人与人之间的温暖就是如此地平实而素朴。无须过多煽情的语言，也不必太多的礼节客套，当一颗心带着温暖另一颗心的热度不断跳动时，这本身就是一件散发着美好、洋溢着激情的事，而生命就在这种美好和激情中上演着一出出感人至深的剧目。你可以不屑地说“这算什么”，也可以羡慕地说“希望自己也能遇到这样温暖的人”，但何必一定要把希望寄托在“遇见”上呢？何不，就让自己成为一个充满了热度的人，成为一个能够温暖别人的人。

玲子的人生之路或许依然充满坎坷，或许会有比以往更多的不顺横在她面前。但不论在路的前方有怎样的厄运等待着她，她都会以更加倔强却不失温暖的姿态应对过去。

工作可以变动，城市可以变换，但不论在哪里，我们总会遇到许许多多的陌生人，同时，对别人而言，我们也是陌生人。但陌生不足以成为人与人之间的隔阂，因为在这个世间，总有那么一些人，她们是愿意给予别人温暖的，哪怕只是一杯热奶茶的温暖，也能成为突破生命困境的力量。

请叫我“不完美小姐”

1

在遇到他之前，我没有名字，大多数人叫我“猫”，也有人喊我“死猫”，但这些称呼在我看来完全没有什么不同。我不知道我是如何来到这个世界上的，正如同我不明白为何来来往往的人们总要对我投来嫌厌的目光。

每一天，我都在街角路边独自徘徊。我没有心思去看马路上那些川流不息的“四轮怪物”，因为它们发出的“嘀嘀”声经常把正在觅食的我吓得被毛倒竖，然后四处逃窜。在一次逃窜时，我看到个浑身裹着皮毛的生物走过街角，怀里还抱着一只我的同类，尽管距离并不算近，但我还是看到了它眼中深藏的恐惧——小而圆的脸上深深地陷有两个洞，那洞里散发出凄迷的光。

一身皮毛的生物把我那弱弱小小的同类丢在了路边，然后慢悠悠地走开了，啧啧，那腰身如同水蛇一般地扭着。我吃力地爬过去，对那瑟缩着小小身躯的同类充满了好奇。本打算暖一暖它，可你们哪里知道，其实我也被寒风吹透了身子，不仅四只脚爪是冰冷冰冷的，就连那颗心也是凉透底了呢。

我缓慢地爬到它的身边才发现，它长着一双很漂亮的天蓝色眼睛，身上的毛皮光滑且美丽，在太阳下泛出淡黄色的光。它很友好地伸出温软的小舌头来舔我。就在这时，我听到一个声音说："哈，小猫！这里有两只很可爱的小猫呢！"

循声而望，眼前竟是一个身材修长的男孩。见到他的瞬间，我就在他眼底的那抹光亮中臣服了，这目光使我感到安全而温暖。

2

他把我们抱回家后，指着一个看起来很舒适、很暖和的地方说："乖，这就是你们的猫窝啦，而这所房子，就是我们共同的猫窝。”

他给我起名叫“维娜”，给它起名叫“沧”，他说我们以后一定会很幸福地生活下去，他还说他的怀里就是这世界上最温暖、最安全的地方。在与他相伴的那些日子里，真巴不得每时每刻都被他抱在怀里。有时我会生我那小同伴的气，因为有了它的存在，他的爱必须一分为二，尽管他对我更加偏爱一些。

但我想要的，是他全部的爱，全部的心，是整颗的心，只装着我的心。你们总该理解一下我这只矫情又霸道的流浪猫的玻璃心吧。

不过，那次我生病时，他那么紧张地把我揽在怀中，让我小小的头紧靠在他的心口处，倾听着他的心跳，那种感觉还真是一种享受呢！他吻着我的头，不住地说：“乖，维娜。你会好起来的。”或许正是从他温柔地抚摸我那并不柔滑的被毛的那一刻起，我便认定他是我生命中最重要的存在。

尽管我不会说人类的语言，但却能读懂他的目光，他心里的喜怒哀乐都瞒不过我。和我同时来到他身边的小沧每天除了吃就是睡，它似乎不那么喜欢他，而他呢，看起来也不是特别在意小沧。

每当我一想到这些，心里就喜滋滋的，仿佛天地之间只有他和我这两种生物存在着。

是的，他存在着，并且我能够感知到他的存在，于我而言，这便是“猫生”的全部意义。

秋去冬来，他似乎愈发地忙碌了，每天早上他出门时总会说：“我去上班班啦！”而我则从卧室迈着碎步跟随他来到玄关，看着他开门、回头、微笑、转身、关门，那一扇门就把他和我隔开了，——至少有 10 个小时不能看到他。

这种感觉，就像整个身体都沉进了冰海里，巨大的孤独感死死地拖着我，一直要把我拖到海底。四周一片黑暗，还有难以言说的寒冷。

但是我知道，每当天色黑下来后，他一定会回来的。所以，当小沧问“他是不是丢下我们不管了，不然为何还不回来呢？”时，我都略带嘲讽地笑着说：“他肯定不会丢下我的，至于你嘛，那就难说了，喵。”就这样把小沧气得跑开。但是，当我们听到钥匙插进锁孔发出声音时，便老老实实地站在门口处等待，我知道，是他回来了，带着一身的寒意，——只是那张熟悉的脸上，依然满满的全是温暖的颜色。

吃过晚饭后，他总会抱起我，讲述这一天经历的事情，但每次我都是听一会儿便觉得乏了，他就把唇贴在我耳朵上，哄我入眠。

可是，在某一天他回来时身后居然还跟着一个披散着长毛的女人。我知道，那是人类中的雌性，喜欢香水，喜欢美丽的服饰，喜欢把各种美味往嘴巴里塞，喜欢花些心思把她中意的人留在身边，而她这么做的目的也许只是要他给自己花钱买乐子而已。哼，别低估一只猫的智商。

这长毛怪物看似友好地向我打招呼，我从嗓子里发出呼噜呼噜的叫声："马脸兽！"但令我气愤的是，她不仅不生气，反而咯咯地笑着，她竟然还抱了一下他，"瞧！你的猫咪很欢迎我呢！"

哼哼！愚蠢的人类，我分明是叫你这马脸兽滚开。

很明显，小沧也非常不喜欢这个浑身浓香的"入侵者"。可我看得出来，他很喜欢她！但我丝毫不担心他会抛下我和小沧不管，在他望向我们的目光里，荡漾着比从前更多的喜爱。他对现在的生活很满意：有猫，有书，有音乐，还有能够陪他说话的美女。他现在的幸福很完美，当然，这是我猜的。

如果不是因为那次意外，我想，我和我那帅气有爱的大伙伴儿一定会永远这样完美地幸福下去。但也正是因为那次意外，才让我成为这世上最幸福的猫，——当然，这还是我猜的。

3

我发现我的主人是一个笑点与泪点同低的人（可为什么就不是情商与智商齐高呢）。第一次见到雪花飘落的我，开心地满屋乱窜，而我的主人却很夸张地笑倒在沙发上。——有时看到他这弱智的表情，也真觉得好笑。“走咯，维娜！带你出去看雪咯！”他用一条大围巾把我严严实实地包裹起来，可他哪里知道，本猫只想感受一下在雪地里奔跑是个啥滋味，我根本就不喜欢被人包裹成粽子。

实话说，自从被他抱回家后，本猫就再也没见识过门外的世界了。以前尽管是如此地不喜欢这个冷漠而粗暴的世界，可在家里憋闷坏的我还是很渴望出来透透气的。因此刚来到住宅楼外，我便在他怀里使劲地挣扎着，试图从他怀中一跃而起，然后完美落地，然后，在雪地里开开心心地撒欢儿。

可是当我从他怀中挣脱出来后，还没有顾上来一场优雅落地表演，不知从哪里冲过来一辆四轮怪物，那刺耳的声音着实吓坏了我，我一时竟不知道该往哪里躲——我的身体还没落地，就感觉到一阵钻心的疼痛，我听到他惨叫一声，紧接着，就看到他倒在了不远处。

地上有红色的液体在流动。我拼命地发出嘶叫，但就在叫出声音的刹那，便开始觉得身体轻飘飘的，就像天上飘着的雪花一样轻盈。

只是，身上很痛。这疼痛感提醒着我，此刻真是半死不活最痛苦的时候。

4

我的任性最终使我失去了一条前腿，我从一只四肢健全的猫沦落成了一只“三脚猫”。而我的主人，为了扑过去救我而被车撞倒，因此他那原本平整的脸上多了一道伤痕，同时赔掉的，还有一只眼睛。

在最初的几天，我哀哀戚戚地躺在他怀里，嘴里不住地发出低低的哀鸣。我怕得不得了，我以为他不再爱我了，我以为他肯定会丢弃我。但是，他没有。在送走了那个马脸怪兽之后，我那脸上缠着绷带的主人流着眼泪说：“维娜，小沧，以后这个家里就是咱们三个的天下了。”

他像往常那样拍了拍我的小脑袋，试图给我一些温暖和安慰，我看见他那奇怪的脸上挤出的令我难以理解的表情。或许他是想用这种方式告诉我，一切都别担心。可是，我的主人啊，如果你真的“什么都不担心”，为何你双唇紧闭，浑身都在颤抖呢？

“你还是爱我们的，对不对？不然，为何你要拜托朋友往家里送来好多好多的猫粮和猫砂呢？我一定很心疼我，对不对？不然，为何你总是在临睡前亲吻我那截肢后缝合的伤口呢？可是，我不再如以前那般完美了，就连走路都是摇摇晃晃的，你真的不会嫌弃我吗？”——我在他耳边一口气说了很多。他努力地睁大那只没有受伤的眼，然后轻轻地把我揽进了怀里。

尽管他对我们这两只小毛绒球还是一如往日那般疼爱，但我却明显地感觉到，他和以前还是不一样了。以前，他总喜欢笑，每天我一睁眼，看到他在笑；我吃饱了看风景，忽地一回头，看到他在笑；他给我洗完澡后，用吹风机吹我的被毛，我一边忍不住地骂街，一边享受着他的微笑。可是现在，他几乎都不笑了。

小沧悄悄对我说：“主人现在过得不开心吗？他为什么脸

色那么难看啊。”

我嘴里咕哝了一声：“难道你不知道主人受了重伤还失去了一只眼睛吗？”唉，其实我自己还不也是只剩下三条腿了。小沧望了我一眼，然后“喵嗷”叫了一声，便跳上床趴在枕头上睡过去了。

是哦，自从出了那场意外之后，家里的气氛一直都是怪怪的呢。他不再早早地起来锻炼了，也不在淋浴的时候唱歌了（虽然不怎么好听），很少做猫饭了，只是拜托宠物店的朋友把猫粮送到家里。

我在痛苦和悔恨中迎来春季，可他却似乎永远活在了那个噩梦般的冬天。原本还指望着他再带着我们出去散步，可这家伙却一直懒懒的，也不喜欢说话了。

不行啊，这样下去我会疯掉的。我不想看到他这么消沉的样子，我必须采取一些行动了。

“喂，起来了。懒蛋，快点儿起来！”我跳到他枕边，一遍一遍地叫着。

“维娜，干吗？”这懒鬼低着声音回应我。

真懒啊，“快点儿起来了，起来锻炼。”我用仅有的一只前爪拍着他的脸，就像他经常轻轻地拍我的小脑袋。

“维娜，我想再睡会儿。”声音里满是不情不愿。

“喵嗷，起来锻炼！”我继续不依不饶。

尽管在他受伤后第一次给他“叫早”就严重受挫，但我本着数日如一日的原则，终于让他在连续不断的猫叫声中彻底地清醒起来。望着他挂着伤痕的脸，我不停地用头蹭他的手，只是那修长的手指似乎比往日少了些温暖。

5

其实我一点儿也不喜欢春天，整日都阴雨绵绵的，不论是人还是猫，在这种环境下都是懒懒的。不过，有一件事情倒确实值得本猫大大地开心一番。

我一直深信，像乐观这种东西那是先天的就存在于人的性情之中的。就像我那神经质一般的主人，尽管此前遭受了人生中巨大的不幸，但这并没有阻止他带着性情中的乐观因子，闪闪发光地奔跑在通向未来的人生道路上。而他之所以能在短时期内打起精神继续折腾——哦，不对，是“奔腾”——在幸福的道路上，我想，这绝对是我这只三爪猫的功劳。

你们知道的，在出了那次意外之后，我的主人无法继续留在单位里了。只剩下一只眼的他还要照顾我这只三条爪子的猫以及另外一只饭量奇大的我的同类。可是他已经无法正常工作了，那么该从哪里弄来钱呢？

为了这事儿，他整日都无精打采的，可我却觉得，能这样停下来思考一下人生也不错。人啊，往往就是因为跑得太急了、太快了，所以才常常找不到前进的方向。虽然我是一只猫，但我经常有时间去思考问题，不仅思考我的“猫生”，而且还试着从人的角度出发去思考“人生”。尽管我是一只猫，但我想我是一只最懂人心的猫。

为了能让我那对生活失去热情的主人重拾对生活的希望，我开始变着法子逗他。记得刚来到他家里时，我跳上跳下、窜来窜去，一刻都没得安静，往往是把他的房间搞得凌乱一片，如同刚被德军轰炸过的伦敦一般，末了他还咯咯地笑个不停，虽然那样子看起来二货了些，但现在还真是怀念那样的时光。

许久看不到他的笑脸，本猫的心头简直比他的房间更凌乱。小沧为了逗他开心，经常把圆滚滚的身体团成一个毛球，它嘴里咕哝个不停，那意思是在“求夸夸”，而他只是露出很淡很淡的一抹微笑。每每此时，我们都灰心不已。

那一天，我看到他桌子上散乱地摆放着几张白纸，一时兴起，便把那唯一的前爪伸进了墨水瓶里。我聚精会神地在白纸上印下一个又一个小爪印，而且还想着用这些爪印组成一个什么图案才好。

“哎呀，你真是只天才猫！”他惊讶地叫起来。

哎哟，第一次这么被他夸奖，本猫结结实实地羞涩起来。

看他从抽屉里拿出彩色铅笔，低下头开始在纸上写写画画，不时地还停下来思考一番。我静静地卧在书桌一角，两眼一刻不离开他。偶尔，我们的目光对在一起，我看着他的表情在焦躁、怀疑、不安、平和之间不停地转换着。当我再次迎上他的目光时，我竟然看到了他的脸上出现了久违的笑容，而那时夕阳的余晖正好透过窗子落在他的脸上，我在他的笑容里仿佛看到有一个幸福的梦，正开始酝酿。

6

咳咳，我的主人、暖床好伴侣、最佳厨师、铲猫砂大将军、中国好保姆，他的第一本漫画集终于正式出版了。但是你们可别忘了，没有我和小沧——确切地说是没有我哦，那就没有他今日的成功（请原谅我这个死不要脸的自恋喵星人吧）。

现在，我们的日子快乐得不得了，尽管我和他那残损的身体上还明显地残留着那场意外的痕迹（那得是多瞎的人才能无视我的三条腿和他的一只眼啊），可到底，我们还是这样幸福地生活下去了。

虽然没有了完美的身体，但快乐却饱满地绽放在我们的生活中。他在漫画里记录下我和小沧的日常小故事。随着他的粉丝不断增多，本猫的受关注程度也在持续上涨。不要不服气，他能走到今天这一步也是克服了许多常人难以想象的困难呢。

所以啊，可不要小看一只猫啊，在古埃及人看来猫可是神明呢！但我的主人经常把我看成是神经病（我能说他就喜欢神经病吗）。虽然现在的小日子过得还不错，有他和小沧陪伴着我，但我依然不会感谢那场意外。我想不会有哪只猫会神经到感谢一场让自己失去一条前爪的车祸吧？可事情既然已经这样了，那我就接受这不完美的身体，陪着他不完美地幸福下去吧。

我说，我的主人，下次你再出版漫画书时，可不可以把我画成三条腿的猫呢？

就算生活辜负了你，你也要欢快地唱歌

曾经，我觉得自己就是这世上最孤独无助的人，特别是漂在异乡又接连遇到困难时，我便格外地敏感易怒，容易被生活里的小事小情而刺痛。当我看到阳光时，我觉得它太刺眼；但如果有云朵恰好飘来，又会痛恨它遮蔽了阳光的温暖。

好吧，我矫情了。其实现在回想起来，那个时候虽然时运不济，却也算不上是“最孤独无助的人”。毕竟，即便是身在陌生的城市里，至少也曾被那些陌生人温柔地对待过。曾经以为，那些街上遇见的、偶然碰到问路的、匆匆行走擦肩而过的，这形形色色的陌生人，不过如同大海上起伏生灭的浪花，和自己没有什么关系。但若是把之前的经历细细地回想一遍，却又发现，世界上其实并不存在绝对意义上的“陌生人”。

在两年前，我孤身一人在一个自己并不喜欢的城市里生活。每天忙忙碌碌却又碌碌无为。虽然这不是自己喜欢的地方，却因为这里住着自己喜欢的人，因而才对这座城市的感情愈加复杂起来。有时想想，每天早餐都能看到，晚上也许能约他出来喝杯咖啡，吃一顿饭，说不定周末还可以一起沿着街边散步。怎么想都觉得很惬意呢！

但是，尽管我把未来设想得很美好，可摆在眼前的困境却是需要咬着牙才能挺过去的。比如越涨越高的房租，比如日渐离心的朋友，还有公司里永远都看自己不顺眼的少数派。

当时我想，我留在这座城市里的唯一理由，那就是他啊。还记得第一次见到他时，正是秋阳高挂的午后，他略微翘起来的嘴唇一张一闭。虽然记不清他说的是什么，但我仍能回忆起自己当时的感受，我就想牵着他的手，走在那落叶纷飞的街头，守着时光，不让这幸福开溜。

最初的感觉很美好。即便不常见面，我们也能在微信和

QQ 上聊得很开心。后来我们经常碰头，他也开始对我说起他过去人生中那些开心或不开心的点滴。从陌生到熟悉，我觉得这条路走了那么久，但仔细想来，其实也不过是从初秋到深秋。

这段感情，看似纯净剔透如水晶，可最终我们谁也没能坚持到最后。

先离开的人，是他。而我却选择了留守在这座自己并不爱的城市里，继续做着并不喜欢的工作。

从我所在的公司到他办公的地点，步行只需十分钟。如果走得快一些，步子迈得再大些，那么十分钟都用不了。有时候我就想，如果他打个电话过来，我肯定会跑着过去找他的。然而我并没有等到他的电话。一直都是我先联系他的。一直都是。

感情没了着落后，身边有朋友劝我：把工作干得很出色，也是一样的。

可事实总是残酷的。每当我鼓起勇气着手去做计划中的事情时，生活里的小风小浪却偏不肯放过我这条飘摇的小船儿。在守着注定无望的爱情时，我尚且不觉得孤单，因为还有回忆可温暖，因为还能遇到那个人，说不定还会遇到下一个他。可是，当爱情和工作都彻底泡汤后，我便觉得再没了留在这座城市里的理由，况且，在接连受到创伤之后，内心残存的能量也被掏空了、耗尽了。除了灰心丧气，多少还有那么一点点的不甘心。

那天，我去了一家小店。趁着阳光还算温暖，虽然心里已不再乐观。

那是一间外观素净的花店。店面不大，但给人的整体感觉却很是温馨。

一位鼻梁上落着痘印的姑娘说，她就是花店的店主，她问我有什么需要的，尽管对她讲。

但是，我没有什么特别需要的。

我只是想被人抱抱。这个需要，我能对她讲吗？

但我真的说出来了。我说：“我现在心里很难受，我想找个人抱抱我。”

“啥？”花店姑娘瞪大了眼睛凑近我，看着我，因而她鼻梁上的痘印也就分外显眼。

看她的这副表情，我觉得自己肯定会被她骂作“神经病”，结果，她真的唤我是“神经病”。然后她轻轻地抱抱我，笑着说：“觉得心里委屈了，就在我这里坐会儿吧。”

这满屋子的花花草草，映在眼中倒真是色彩斑斓。花店姑娘搬过来一个凳子：“你坐下吧，陪我聊聊天吧。”

说也怪。我就真的很听话，老老实实地坐了下来。一个下午的时间，我们聊的不过是各自的心事。虽然这心事里也互有交集，但我们终归还是沉溺在各自的回忆里，并且由这回忆又引发了各自的小情小绪。

我多少有些后悔了，因为这姑娘放下手里的花，一直在发呆。我发现她有一张饱满鲜红而弧度完美的嘴唇。那两片红色微微地抖动着。然后，它慢慢地张开了。

花店姑娘说：“我来到这个城市已经五六年了。这五六年，我一直是一个人生活。除了经营这家花店，我也有其他的工作。你看这些花草很好看吧？可最初，我的花店根本赚不了多少钱。真正让我下定决心，要把它一直经营下去的原因，正是每天来到这间花店的陌生人，他们形形色色，却都心怀温暖。”

接下来的时间，全部交由花店姑娘安排。她和我说了许多，但其实无非都是那些充满善意的陌生人带给她温暖和帮助的事情。

在一些励志暖文里，我们经常能读到这样的故事。有时我们还很不屑，觉得写这种故事的人和看这种故事的人都很矫情。但如果真的某一天，当自己觉得快要撑不下去了，觉得自己负能量要爆发了，觉得自己这般努力却还不能看到生活的曙光而失望了，那么陌生人的一点宽慰，就能点亮心头的一盏灯了。

花店姑娘说得真好。世间没有绝对的陌生人。

所以，我巴不得世间的每一个人都能生活得安乐幸福。每一个人都过得好了，世间就少了抱怨和戾气；自己的内心被善意充盈着，就具备了善待万物、友爱他人的能量，更具备了把接下来的日子安排好的能力。

直到今天，我都能清楚地记起花店姑娘说过的那句话："就算生活辜负了你，你也要欢快地对生活唱情歌。"生活会辜负每一个人，不论你多真诚地去爱着，总会在因缘聚散中度过伤心失落的不眠之夜。不论你多努力地为工作打拼，也总会遇到跳不过去的坎儿，遇到看你不顺眼的人。

可是，想想你我的身边，还有那许多美好的事物，以治愈温暖的样貌呈现着，那么也应该从失落悲伤的阴影中慢慢地走出来了吧。我们可以被辜负，却不要忘了，我们依然可以对着生活唱情歌。即便是在陌生的城市，也有心怀诚意的陌生人，能够带给我们些微的温暖。于是，我们更应该大起胆子来，对着那些和善的面孔说声“你好”，对着辜负了自己的生活道声“谢谢”。

在此后的人生中，我遇到了很多陌生人，他们中的大多数，都有着一颗火热的心。你尽可以抱怨自己的人生不够顺利、生活不够明媚，却没有资格抱怨人们的冷漠无情——如果自己还做不到足够温暖，又有何理由憎恶世人的冷眼相对呢？

许多人都觉得，生命的本质无非就是痛苦，就连一些初入社会的小孩子们也经常把“苦才是人生”挂在嘴边。我们总有许多苦难要面对，也总有无数的坎坷无法逃避。既然逃不过，那便不逃；既然要面对，就摆出最灿烂的笑脸。

当我们带着向日葵一般的笑脸面对这个世界时，或许我们将会发现，原来这个世界从来就不是冷漠无情的，这个世上的人也并不是生来便长着一副铁打的心肠。只要你愿意，你尽可以做一个内心柔软、笑容明媚、眼带阳光的人。生活从来就是给人惊喜也让人伤怀，但生命的本质并不是痛苦，而是以一种向上的姿态在痛苦中朝着幸福而生。

在这个朝向幸福而生的过程中，难免遇到数不清的麻烦，就好比阴郁的冷风总会吹走阳光的热量。可是，在我们的生命中依然有那么多的陌生人，他们以自己的方式关爱着、温暖着身边的每一个人。无论生活在哪里，无论从事着什么工作，无论以怎样的状态面对世界和人群，我相信，我们总会被那些心有阳光、笑靥如花的陌生人所拥抱、所温暖。直到，我们也变得自信而笃定，内心充满热度，不断地活出力度，我们才能以最优雅的姿态去面对世间无情的变化，同时，把那些陌生人给予的温暖再次传递给其他陌生人。

你看我们身边的那些陌生人，他们或者坚强勇敢，或者独立自强，或者从容优雅，或者质朴真诚。他们姿态各异，他们的人生故事也各有不同。谁的真心不曾被辜负？但谁也不会因为被辜负，就放弃追求幸福的勇气。

愿予一处疗愈，福报一方温柔

第一次来到这家铺子的那天，雪下得很大，风声也大，若不是之前答应了朋友，我是肯定不会在这种天气外出的。

约我的那个朋友叫许小哈，是这家铺子的主人。进了这家杂货铺，抬头就能看到这一行字：愿予一处疗愈，福报一方温柔。小哈说，她要做的是一间尊重生活、情感和梦想的铺子，坚决拥护“无用主义”，如果来客愿意说出他们自己的故事，那么必定有神秘礼物一份相赠。但在很长的一段时间里，许多陌生的面孔涌进这间小铺子只是为了那份好礼，虽然小哈很真诚地在明信片上写赠言，可那些来客们强挤出的笑脸仍掩盖不住他们满心的失望。

在这间铺子里，不一定有人们的生活必需品，而且一定没有随处皆可见到的物件。这里的东西，基本上都是手工订制物品且这些物品最后都会成为人们的情感疗愈之所以及梦想的寄托之处。不论你曾经是谁，现在是谁，以后是谁，只要你进了这家杂货铺，你都只有一个角色，那就是“你自己”。

所以，即便那天雪下得那么大、那样冷，我还是来到了这间铺子。不纯是为了之前的约定，也是为了来做我自己。

在宁远的书里看到过，“你不喜欢的每一天，不是你的。”当我把这句话发给许小哈时，我想的是，应该如何感谢她和她的那家治愈系杂货铺，如果没有遇到她和她的那间铺子，恐怕我很难懂得“快乐”对于一个人来说是一种多么难得的能力，而帮助别人快乐起来又是一种多么可贵的品质。

不知道在你的身边是不是有着这样一群人。他们每一天都热气腾腾地活着，用力地安排着自己的人生而不是要听从别人的安排、观察别人的脸色。他们时间自由，经济独立，想法也称得上是“惊世骇俗”。看起来，他们永远是在充满力度地生活着，但脸上却从不曾显露出丝毫的疲倦，或者说，至少是从来不在外人面前示以倦容。你看不到他们生命中的伤痛，更无从看到他们身心上的伤疤。

他们活得很快乐。仅仅是这么一个原因，就已经羡煞旁人，醉倒众生了。

所以，我很喜欢这样的人。我把他们称为“有疗愈能量的人”。

我喜欢这种自己快乐也让别人舒服的人，而现在，我就在努力地成为这样的人。

可是，在快乐的背后，必然有着许多不快乐的经历。正如许小哈所说：“这家小小杂货铺，是为了让生活在这个冰冷城市里的人们能够心有所系，能够安放自己那许多不快乐的过去，放下负重，重新变得快乐起来。但同时我也是把它当作一门‘生意’来经营的。要经营这样一门生意，那必然不会特别快乐。”

一边是很文艺的想法，一边是偏商业的工作。看似精神分裂，但小哈后来觉得，文艺也可以与商业结缘，谁说疗愈和温柔就一定要披上穷酸苦逼的外衣呢？生活最难把握的就是寻得平衡，比如在商业和文艺之间，但这就好比是佛门中所谓的“中道”。文艺是一种情怀，一种生活态度，但人不能饿着肚子谈梦想。如果真的不喜欢“中规中矩”的那些工作，那么能够在文艺一把的同时又能赚得几个生活费，这也是不错的人生啊。至少，我们是把自己的梦想嫁接到了现实之中。

在过去很长的一段时间里，我与这家铺子“相处”得很快乐，并且，每一个来到这家小店的人也很快乐，——尽管他们在刚刚来到小店时还是一脸浓重的阴郁，但在坐一坐、聊一聊之后，倒还真的比之前变得平静些了。

最初，小哈的梦想是在这座以“有钱任性却无人文情怀”的城市里的某个小角落做一家“尊重生活、鼓励梦想”的小店。后来，当有越来越多的人爱上这间铺子时，我们才真正地看到了疗愈和温柔所带来的力量。

记得有位叫紫藤的小姑娘，她在经历了失恋、失业、失亲的接连打击之后几乎是如同行尸走肉一般地生活了几个月。可她走进这间铺子之后，她就大着胆子开口说：“我要留在这里，我想坚持自己的想法。”

紫藤姑娘会制作手工仿古发簪和蝴蝶结。在重新找到工作之后，她的大部分时间便在单位里度过，但双休日必然会来到铺子里，她喜欢在铺子的一角安安静静地忙碌。她带着一颗温柔的心去做手工，于是她手下的每一件饰品便都沾染上了温柔的力量。

小哈一直觉得，只有手工做出来的东西，才真正是带着温柔，带着疗愈，带着感情。手工制品总能够把自己的情感传递给别人。只要一想到这个，就连平时不喜欢做手工的我，都开始对纯手工制品充满了敬畏感。因为这让我想到，其实我们每一天的生活，不就是由自己亲手制造的吗？我们有什么样的心，就能把生活过成什么样子。有些人的生活里并不见得总是阳光遍地，但生活里的乌云却从不曾遮蔽他们脸上的光彩。当有人问："你的生活里这么多沟沟坎坎，你是怎么过来的呢？"他们可能会觉得，日子就是这样过来的，说不上特别好，但也不是特别坏。这样的人，或许不喜欢讲"人生哲理"，但与他们接触之后就会发现，他们的内心很有力量，他们是真正充满了疗愈能量的人。

在转年的开春，小哈在铺子门上挂了一幅字：从今天起，做一个快乐的人。

结尾处还画了一个小笑脸，虽然画得很丑，却真的能让人看到就心情很好。

在之后的一段时间里，我都没有去过这间治愈系杂货铺。因为忙，同时也因为那段时间过得太好了，顺风顺水到都懒得思考人生了。可我和其他朋友聊天时，却一直把杂货铺里的“疗愈糖果”“打开未来时光之门的钥匙”“给自己的情书”这些东西挂在嘴边。

没办法，有些人尽管不是经常见，但还是会被她影响着。这就好像是，某一个人，只要她出现在自己的生命中、与自己产生过交集，那么自己在未来的人生道路上就总会或多或少地带着她的那种能量继续行走。

我不知道这样的能量算不算是疗愈，但每一次我从杂货铺回来之后，我的戾气和暴躁便都能消歇很长时间。而那间身处闹市中的小小杂货铺，虽然它与这个缺少人情味儿的城市是那般地格格不入，可毕竟这种格格不入也成为了曾经。

只愿这间铺子常在，只愿能有更多的人，从温柔的此处得以疗愈。

一路向前，总能找到更美好的风景

我有一个表妹，她很悲催。说她悲催是因为她既没有继承妈妈的美丽，也没有继承爸爸的聪慧。每当她自个儿在小区里玩儿时，总会有些带孩子的家长指着她说：“你看你看，你要是不听话，以后就会长成她那个样子。”而她的爸妈呢，似乎偏爱她的弟弟更多些，因为她的弟弟从小就聪明伶俐且帅气逼人。在很长一段时间里，大家都在猜，这姐弟俩到底是不是一个爸妈亲生的。而一旦大家确定了他们确实有血缘关系后，便更加肆无忌惮地忽略掉她，原因是：她实在太不起眼了，甚至都不值得承受别人的冷眼。

所以，一直到读大学之前，表妹都在这种充满恶意的环境里成长。但是，令我惊奇的是，她并没有因为成长环境恶劣而患上怨妇病以及各种看人不爽症。她的三观正得出奇，而且每一天都活得很努力。

其实我懂，她是要证明给这个世界：即便长相不好，脑袋也不好，但只要努力了，广阔天地一样可以大有作为。比如，先让英语成绩从不及格进步到及格。

不管其他人怎么评价，怎么看待，就这样义无反顾地向前奔跑，表妹执著而单纯地相信，只要这样做了，就总能看到善意的目光，那曾是她所认为的世界上最美好的风景。

然而我该如何向她解释呢？

在这个简单粗暴的世界里，并不是你努力了，就一定会看到结果，更不是你一路向前，就必然会看到善意的风景。

我曾对表妹说：“不用太在意别人的眼光。”

表妹望了我一眼，然后又一头扎进书本里。但我从她那略显迟滞的目光中隐约觉察到，她果然是再怎么拼命也没用，因为整整三分钟过去了，她的书居然还没有翻页。

“你别那么在意别人的眼光，行不行啊行不行？”

“我又怎么了？”表妹一边用勺子狠命地戳冰激凌球，一边嘟着嘴反驳我。

这一年她读大三，在本市的一所大学里。努力那么久了，竟然都没能离开生养自己的这座城市，可见她对自己的故乡该是有多热爱。

“喜欢一个人就去说啊，你一个人在这里生闷气，有用吗？”我实在看不过去她对那冰淇淋球下的狠手，便一把端过来那只堆着三色冰淇淋的小碗，直接就放到自己面前。

表妹从读大一开始就暗恋上了她们班里的一个男生，但那男生身边总是不缺女朋友的。表妹这样的姑娘，能入得了他的法眼？不是我贬低自家人，资质平平的女生也能逆袭成女神，但你光想着逆袭却没有任何动作，这能有什么用？要么就来一痛快，直接对那男生说“我喜欢你”，说完就算撂下了心事，该干嘛就干嘛去，倒也不失为潇洒做派。

可是，你在这大热天里把我这累成狗的人儿喊出来，你在电话里说你有心事，但现在又一言不发，只是对那冰淇淋球生气，这是几个意思呢？

“姐，我要去天津实习了。”说完这句话，表妹那肉乎乎的脸上才挂上了些颜色。刚才那脸非常苍白，几乎让我疑心她是得了什么病。

我一口吃掉一个冰淇淋球："怎么？是去疗伤？"

表妹一笑，露出一个小虎牙。我每次盯着那颗虎牙看时就想，如果是个相貌秀气的女孩儿生了小虎牙，说不定会显得人更可爱吧，可惜，这虎牙长在表妹的嘴里，每次露出来时倒愈发显得她面容狰狞。

表妹把剩下的那两个冰淇淋球一口吞下。"我不喜欢他了。他太肤浅了。有一次他借走我的笔记，结果他说完全看不懂，还要让我帮他写论文。这种人，我不要，哪怕他很帅气，但脑子不好使，也不要！"

哦，好吧。我已经忘记了，表妹虽然进的是本市的三流大学，但她的奖学金却从没有落下过。我也不知道是从什么时候开始，这家伙的字变得娟秀工整了，看得书也渐渐多了起来。她再不似从前那样，被人讥嘲之后就想着扒开个地缝，学着土行孙遁形无踪，而是继续忙着自己的事情，就当什么都没发生过一般。我看过表妹写的文章，说实话，那文章比她的相貌漂亮多了。每一句话都充满了温暖和善意，似乎她不曾被人冷落过、伤害过。在她的笔下，世界永远是美好的，远处是风景，近处有生活。

虽然表妹的文章是如此的优美动人，但在很长一段时间里我都在想，这孩子的心理该是有多阴暗啊，当所有的赞美都与自己无缘的时候，人往往不得不逼着自己坚强，所以，她也不得不假装世界很美好。

几天前，接到表妹打来的电话，她调动工作要去广州了。

“你不用在意别人的眼光，做好自己的事情就可以了。”

表妹在电话里一顿狂笑，那笑声着实很野，丝毫不像个姑娘。但我可以理解，一个从来不受重视的人，只有在工作上小有成绩时才能感受到世界的善意。

“去了那边要照顾好自己。”话一出口，我有些后悔，因为表妹从来都是自己照顾自己的。她的爸妈还要忙着照顾她弟弟呢。尽管那个身高 1.83 厘米的大男孩已经 25 岁且大学毕业两年，但他还是雷打不动地坚持啃老且看不上任何月薪低于 5000 元的工作，要么就直接向那位从来不得宠的姐姐伸手。

虽然在我们这个城市，大部分人的月薪都在 3000~3500 元之间，可依然没能阻止这个没断奶的娃子频频地做起白日发财的美梦。

我问过表妹，那位好吃懒做的弟弟，她是要养活她一辈子吗？从小到大，都是你护着他呢。表妹说，就当把买零食的钱贡献出去吧，反正为了瘦身已经戒了零食和甜品。

我一耸肩，反问她：“难道你以为你那个弟弟这么容易打发吗？”

“反正他也不知道我赚多少钱，我就说我去广州是因为在天津这边儿待不下去了，工作累，钱难赚，生活不易，就这么把他给打发了。”

表妹嘻嘻哈哈地说着，然后又补充了一句：“反正我又不会在意别人怎么看。”

放下电话，想了许久，表妹似乎还真是这样。成年之后的她，确实极少在意别人怎么看她那粗壮的身材，如何评价她的收入和工作。她就是这样闷声低头只顾前行，只要看得清路，又何必在意旁人说些什么呢？反正钱在她自己的口袋里，对生活的心思也装在她自己的脑袋里，只要一路向前走就是了，她总能进入广阔的天地，看到更美好的风景。

愿你的人生，从此专注起来

在很多时候，我不明白人生的意义是什么。很明显，它与吃喝玩乐完全不沾边，与功名财富似乎也缺少那么一种内在的联系。而我，却非常享受在大太阳底下“思考人生”的这种看似高端实则低能的举动——看着身边的人们神色匆匆地来来往往。他们等不及阳光把自己的身体暖透，就低头各自忙去了，而阳光就这样慷慨地散发着它的热量。

许小哈常说，她认为人生的意义就在于专注。当然，在总结出这句话之前，她也跟我一样，歪着脑袋着实地思考了一番。她调整一下坐姿，看着杂货铺里刚摆放好的手工制品，啧啧说道："我想，人生的意义就在于专注吧。专注地工作、生活，专注地爱一个人，或者被一个人爱。"

不得不承认，一个人的专注时光，真的是又寂寞，又美好。虽然寂寞，但人们却因了专注于眼前的事情而在当下身心无限地合一，任凭窗外凄风苦雨抑或昼夜狂欢，这又与自己有何相干？专注地做事情，这是一种多么美好的感觉啊。

风吹雨成花，叹人生何必忙碌无暇。我们不需要活得匆忙，但却应该学会让自己的人生变得专注。我在敲下这些文字的时候，总能想起在杂货铺里的点滴：许小哈在忙着设计客户订制的明信片；耶律黄飞鸿抹了一把额头上的汗水，然后继续摆弄那些牛皮纸手工记事簿；紫藤在对着图样制作手工发簪和蝴蝶结。

他们沉浸在各自的专注时光里，而我更愿意坐在一旁，专注地看着专注的他们。

了解我的朋友们都知道，我曾经和小哈长期厮混在那间治愈系杂货铺里。在这间不大的铺子里，我们还摆上了桌椅，一来是为了方便小伙伴儿们在店里做手工，二来也是为了让来到铺子的客人们更加舒适地参与本店的另一项"业务”——说出你的故事，由我来记录。当然，这项业务从来不收费，不过需要预约，毕竟我不能每天都来。

基本上，铺子里的这些人都有自己的工作，他们来这里做手工，不仅是为了出售自己的作品、结识更多朋友，而且也是为了给自己一个沉浸在专注时光里的机会。迫于生活，或许不能任性地选择自己喜欢的工作，那么在工作之余，能够找到时间、找到同类，大家专注地做些自己喜欢的事情，这种看似文艺的小幸福却也并不与现实生活相冲突。在很多时候，即便什么都不做，大家也是要专注地沉浸在各自的世界里。喜欢发呆的就尽情发呆，喜欢看书的就一头钻进书堆里。

小哈说过，她希望自己的铺子具备无限的情怀，还能传递出真挚的情感。我也曾听从小哈的建议，当自己心情不好时就去做自己喜欢的事情，并且任由自己陷入那段时光里。不得不承认的是，专注是一种难得的品质。而在平时，正是因为我们活得不够专注，所以才常被烦恼缠心。比如，只要自己认准了某个人、某件事，那就不必在意他人的评断，而我们最愚蠢的行为则莫过于因为旁人的言行而乱了自己的心。

记得有一天我在铺子做水晶手串，一个顾客看到就说：“哇！这些水晶珠子真好看，只是，你这手串的配色太丑了。”

姑娘的一句话，就扰乱了我的心。我很难再专注起来，很显然当时我忘记了，审美这种玩意儿，又怎么可能是千篇一律的呢？

可见，在大多数时候，其实我并不是个“活在当下”的人，因为我还不够专注，我太容易被别人影响到心情。我是直到现在才明白，自己内心缺少一种柔软的力量。

当一个人专注的时候，他的内心是柔软的，就像海绵一般。所以，就不会存在被影响、被搅扰这样的情况。而人在专注时制作的东西，才是真正地带有生命力量，是真正饱满的，充满情感的。

我总想着，或许许小哈比我更经常地体会到“专注”究竟是个怎样的人生境界。

在铺子后面，便是我们的工作室。大多数时候，我们的一些手工制品是在那里完成的。比如，当遥遥突然心情烦闷，或者就是纯粹地想任性一回，她就会来到铺子，取出放在这里的彩铅开始绘制明信片；或者，紫藤妹子在双休日过来，在挑选好制作手工发簪所需的树脂花瓣后便开始忙碌起来；而小哈，则一直是安安静静地埋头做事。我进来时，从不问好，因为我们不需要客套，只是等她忙完手里事情时才说上几句。这就像，我在铺子里写东西时，她也从来不说话，生怕会不合时宜地硬生生地打破别人那专注的状态。

大家忙碌的时候，一般是听不到聊天声的。大家要么是在忙着做设计、做手工，要么是翻看着新近购来的书。有人说，我们这些“体制外”的大孩子们能在本职工作之外又靠着自己的爱好努力赚钱、养活自己，想想这就是一件很酷的事情，但是我想说，我们真正享受的，是在这浮躁的城市里还能和志同道合的人一起专注地生活。

对于别人的友善或刻薄的评价，通常来说，小哈只是耸耸肩，然后自言自语地说：“我们只不过比别人活得更专注些而已。好也罢，坏也罢，无非就是想让自己尽量活得深情而简单些罢了。”

我所认识的许小哈，她真可谓是将专注落实到了生命中的每时每刻：比如做设计时，比如读书时，比如摆放店里刚到货的小摆设时，比如陪着我给新书拍插图和封面时。

一个活得专注且对生命充满热情的人，那是很可怕的。因为生活中任何不幸、意外、挫折、困难，都不会成为阻挡他们前行的障碍。他们意志力顽强且内心充满了爱。许小哈就是这样，人人都说她活得漂亮，但我却知道，这“活得漂亮”正是因为她活得足够专注，知道自己的梦想是什么，并且把这梦想狠狠地扎进了现实的土壤之中，然后，专注地给这梦想浇水施肥，专注地等着梦想开花结果。

现在，她的梦想不仅已经开花结果，而且还在继续茁壮成长。这家小小杂货铺从创立到现在已经有三年多了，从开始人们纷纷抱以“看他们能坚持多久”的怀疑，到今天人们口中“他们是一群了不起的孩子”的夸奖，这其间需要小哈投入多少心血和精力，我比旁人看得都清楚!

“让自己的人生变得专注”，这是许小哈治生活中一切焦虑、困惑以及迷茫的万能良药。我们都试过而且屡试不爽。人只要有了定力，还怕挺不过人生中的大风大浪吗?

如果，你也是一个专注于自己生命历程的人，那么真心地希望你能为我的好友许小哈的生活态度点一个大大的赞。

如果，你还不曾真正地专注过，比如专注地经营一段感情，专注地读一本书，专注地制作烘焙或调制饮品，那么你可以尝试着让自己的人生从此专注起来。

专注能够带给我们生活上的仪式感，而这种仪式感又能让我们简单又深情地投入到生活之中。所以，我才说，专注是一种难得的品质。

我愿把生命中所有的美好都与你分享

六月初的北京，还没有热到令人心烦气躁的程度，在下午五六点时，总会有微风轻拍在人身上，那风凉凉的、痒痒的。这种感觉真是妙极了，仿佛就是要挑逗着你，去回忆起一些愉快的事情。

就在这六月初的某一天下午，我走在马甸桥附近的路上，准备去赴朋友的约。下午六点钟的凉风仿如一个顽童，它吹动着一位姑娘的天蓝色裙角，裙摆轻飘，舒卷如云。那身影从背后看去清清瘦瘦的，齐肩的发，微微摆动的裙角，这是一个很曼妙的姑娘。尽管，她是用一条腿外加一根拐来走路。

她慢慢地、缓缓地走着，在急匆匆的人群中显得是那般的不合时宜。这天蓝色的裙子和齐肩的短发令我想起了凌美丽，因为凌子也喜欢天蓝色裙子。只是，她连用拐杖走路的“福气”都没有。

“我梦见你回到老家后傻呆呆地站在我家院子前，然后我就穿着天蓝色裙子出去接你，而且，我是跑着出去的哟。”不久前刚收到凌子发来的短信，我一直保留着没有删除。我知道，像这种穿着裙子到处跑的美梦，她已经做过无数回了。

1

凌子其实很漂亮。白净的脸，明澈的眼，一笑起来还未开口，就先让人领教了什么叫做静美柔婉。凌子其实也很幸福，如果可以忽略不计她的疾病的话。凌子在大概两岁时被诊断出患有婴儿型脊髓性全身性肌肉萎缩。那是怎样的一种疾病，我到现在也没弄清楚。我只记得，她八岁那年趴在爸妈的背上去学校时，我还是个颇精通于调皮捣蛋之道的顽童，每次看到她爸妈背着她，我都大喊一声“嘿，瘸子”，结果每次都能招来我爸妈的一顿责骂。

我和凌子住得很近，虽然我很调皮，但我自小就在她那层层叠叠的关爱中探知世界上各种千奇百怪的事情：青蛙宝宝都长着一颗大脑袋拖着一条小尾巴，苹果熟了之后会落到地上是因为引力的作用，夏天会有雷阵雨那是很正常的自然现象而并非龙王爷发怒……我一边听凌子讲述这些奇妙的事情，一边暗暗地嫉妒她，因为这位大我三岁的姐姐懂的东西比我多。在我看来，自小生长的这个地方又偏僻又冷清，去一趟市里都要坐好久的公交，可凌子眼中的世界却是那般地美好，充满了神奇和乐趣。

每天听凌子给我讲故事，这着实是个让我觉得既有趣又愤慨的“享受”。现在想来，凌子当时并没有察觉到我的那些小心思吧。她说，她愿意把她看到的所有美好有趣的事情都拿来与我分享。我说，拉钩上吊，一百年不许变。

凌子很守承诺，一直到现在，她每天都会在微信上发来各种有趣的事情或者充满温情的图片。她说她想做摄影师，用镜头记录人间百态。由于身体原因，她不可能去更远的地方。但她每天都坚持坐在轮椅上用数码相机和智能手机将生活里的趣事儿拍下来，然后，发给我看。有时明明就是一张很普通的图片，却因为她在图片下面多加了几个字而逗得我捧腹大笑，顿觉生活简直是爽翻天了。比如她拍的一张猫咪张着大嘴打哈欠的图，那图既没亮点也没笑点，可她在图片下面加了一句“憨咪开始学美声唱法，每天都是萌萌的”，这让我当场就笑翻了。

可能你猜到了，凌子开的是一家宠物用品店，店里养着三两只小猫。这家店虽小却有着大大的推拉门，不然凌子的电动轮椅就无法进来。

开办这家店的钱，是她之前玩命工作、节省度日积攒下来的。

那一年，她的小店开张，而我考上了西安某高校的硕研。那一天，我还没有办理完入学手续，就接到了凌子兴奋异常的电话:“我的小店，今天开始营业啦！快，祝我开业大吉！”

“哦，那真不错啊。”如今想来，竟觉得那时的自己好假，明明心头就是各种不服气，可嘴上还是非常甜蜜。作为一名残疾人，凌子参加了高考却不能如愿入学，可进进出出完全依靠轮椅的她还是从网上买来许多书，或者向邻居们借书。她说，不管怎样，她都不想停止学习。

凌子无法去读大学，这让我既感到难过，又有一丝优越感。从小到大，一直是她看的东西比我多，读的书也比我厚，当然，她的成绩与她的相貌一样，都是那般地讨人喜爱。且不说那大大小小的奖状挂了一屋子，就是现在，凌美丽绝对都是我们老家那边的励志人物。

只是，凌子不能站起来，更不能像我们这样跑来跑去。这又让我由衷地为她感到难过。读中学时，她家经济条件不好，没钱购买电动轮椅。当凌子觉得闷了，就只能靠普通轮椅出门散心，还不敢走得太远。曾经有一次，她被几个不良少年围堵在巷子里，若不是老街坊恰好路过并解围，很可能凌子那张白净的脸上会多出几道伤痕来。

“你也真是，为什么要一个人坐在轮椅上到处乱跑呢？”我不住地埋怨她。

凌子反而用手轻轻点着我的手背：“我还不是想着出去看看，万一看到什么新鲜有趣的玩意儿，好回来讲给你听。”

是的，我记得，我一直都记得。凌子说这个世界上有许多新鲜有趣的事儿，有许多美好的东西，她还说，生命中这美好的一切，都是要和人分享的，否则这些美好就没有存在的价值。

2

在经营宠物用品店之前，凌子一直是靠着做些零零碎碎的兼职来谋生的。她先后在淘宝店上卖过自己设计并缝制的十字绣枕套，当过文学网站编辑，受雇于图书工作室当言情小说写手，也曾在夜市里出售过自己串编的一些小饰品。

我读高中时，凌子就已经同时进行好几项工作了，比如写稿子的时候挂着淘宝旺旺，回答顾客的一些咨询，然后又把根据顾客意思而画的手串的配色图拍照发给对方，如果对方不满意，她还要再继续修改。她不止一次地问我，她做的手串在色彩搭配上潮不潮，所用的塑料珠子会不会太廉价。她也不止一次地吐槽，她说哎呀我该如何告诉那些对议价这种事儿情有独钟的人，自己的小店利润微薄，不能打折。对于第一个问题，我总是给一些诸如“很好看啊”等毫无建设性的回答；对于第二个问题，我直接就说：“不如在网店上就标明，这是残疾人开的小店，请对残疾人多一点儿关爱，概不还价。”

很明显，我的这种做法让凌子大为不满，因为她在听多了这样的话之后就渐渐地不爱搭理我了。她以为我是在敷衍她，对此我也并不否认，但对于第二个问题的回答，我说的绝对是真心话。凌子此生，已经再不可能如正常人那般站立行走了，她也不可能如正常人那样应聘到好的工作岗位，甚至连谈一场刻骨铭心或浪漫幸福的恋爱都成了梦幻泡影。每当我对凌子说“你需要别人更多的帮助”时，她总会不高兴，她说这世上不存在需要别人特别帮助的人，只存在需要爱和被爱的人，“我得到的爱已经很多了，我只想去爱人，爱更多人。”

我不知道这个连上厕所都需要人帮助的姑娘是从哪里生发出的如此博大的情怀。我问她：“凌美丽，你说说，你打算怎么爱人。”

凌子眨巴着眼睛，歪着头，耸耸肩说：“把我生命中最美好的东西分享给身边的人。我就是这样爱人的。”然后她又开始絮絮叨叨地讲起“不管生活怎样，只要走心地去生活，那就可以了”这种老生常谈。

我做个暂停的手势说：“好吧，让我帮你想想，你生命中美好的事物都有什么。一副病躯、一个并不富裕的家庭、一段注定无望的暗恋、每天累死累活却很难挣到与辛劳成正比的钱、旁人的欺负还有出行的不便。”其实，我并非成心刺激凌子，只是想让她看清自己生命中都有些什么，也是为了让她知道，再宽广的情怀，也需要铁打铜铸的现实基础。

凌子的脸上挂满了不慌不忙，俨然是个宠辱偕忘的老僧。而我，就等着她暴怒或沮丧地说：“对，我过得很苦。真正需要帮助、需要爱的那个人，就是我。”但凌子却定定地说：“我有开朗乐观的性格，我有爱我疼我的爸妈。虽然我暗恋的人根本不知道我的心思，可当我心里装着他时，我觉得这个世界都可爱多了。我没有赚大钱的能力，但有实现自己理想的耐力。尽管在外面会被别人欺负，可也得到了许多人的照顾。”

或许凌子说的对，只是一向不服气的我硬是不肯承认。后来，我如愿地去了喜欢的学校读书，去了向往的地方旅游，可凌子却要为了实现她的那些个小破理想而继续忙碌，从事各种兼职，每天累死累活。她说，只要自己能做，就不会在意钱多钱少。

只是读完硕士、找到一份不错工作的我按理说应该遇到更多美好的人、美好的事，可我却愈发地感觉到生命中除了不停地忙碌之外就再无什么美好可言。以前，每当寒暑假回家后，凌子总要拉着我的手，让我给她说说外面的世界是个啥样。我说，既不像你想的那么好，可也不算特别糟。她就问：“那么，你觉得你的生活好不好呢？”我说：“没劲儿透顶了好吗？”

凌子听完撇撇嘴——这是她多年来的习惯性表情，用以表达心中的不屑。“你觉得你的生活没劲儿透顶，可为啥我却在自己的生活里找到了许多乐趣呢？”我已经腻烦了她的这一套扯淡说教，于是冷冷地别过头去。她也觉察到我们的友谊开始出现了裂痕，渐渐地，我们不再频频往来，我不再过问她的宠物用品店生意如何，做兼职写手时是否又编造了什么虐心故事，她也很少再说起她看到的好玩儿的东西、遇到的有趣的事儿。日子平淡如水，我心头总是烦躁不安，家人还以为我是生活上、工作上压力大，只有我自己才最清楚，我是真的担心会永远失去一个懂自己又激励自己的朋友。我还记得，高三那年，凌子鼓励我向心仪的男生表白，她说：“喜欢一个人就该让他知道啊。不然错过了该怎么办？”在我大学毕业后陷入人生迷茫期不敢追求自己的梦想时，凌子给我打气，告诉我“别向生活认怂”。

其实我从来没想过要疏远她，而我的一系列犯浑行为不过是我那强烈的嫉妒心在作怪，虽然有些时候，我也不知道我在嫉妒她什么。

3

凌子说她要把生命中所有美好的事儿都与我分享，我却在贪婪地吸饱她的美好之后又开始嫌厌她，觉得她装腔作势，觉得她死心眼、一根筋。可即便我们的友情产生了裂痕，我依旧在去北京发展之前特地来到她家，向她告别。凌子说：“我请你吃饭吧。”我点头答应，这是她第一次请我吃饭。

席间她问：“你猜，我人生最大的理想是啥？”

我噗嗤一笑：“总是会想成为张海迪第二吧？”

“切，去你的，还能有点儿出息不，我还想当凌美丽第一呢。告诉你，我最大的理想就是挣钱。”凌子不能喝酒，但她却在痛饮一大口饮料之后脸色变得神神秘秘的，还一板一眼地说，“要挣很多钱哦。”

凌子的宠物用品店经营得不错，再加上做兼职写手的那些钱，她现在应该过得不错啊。我以为是凌子的父母身体出了状态，赶忙就问她到底需要多少钱，还一再叮嘱“若是叔叔阿姨的身体出了情况，你一定得告诉我啊”。

没想到我的关怀却换来了她一连串的白眼：“你能盼我点儿好的不？我告诉你吧，我想再多赚点儿钱，是因为我看中了一个孩子。”

“不是吧！凌美丽，告诉你啊，买卖人口可是犯法的。”

“去你的，闭嘴！那个孩子和我一样，也是靠着轮椅进出，他学习不错，但就是家庭经济条件太不好了。”凌子说完望了望我，“所以，我想，我或许可以买些书啊、文具啊什么的，去支援一下他。总不能眼看着挺好的一棵苗子尚未结果就先蔫儿了吧。”

以凌子这种身体情况，她是根本无法做母亲了，就连找个情投意合的如意郎君都不太容易。一个三十来岁的女人，说她是母性泛滥也好，说她是闲的抽风也罢，或许真如同凌子自己说的那样，不管生活怎样，我们都该走心地生活下去。

“姑娘，你这么热心，那孩子的爸妈知道吗？”

“那孩子只有妈，没有爸。他爸早就去世了。”凌子眨巴着眼睛，好像是在征求我的意见，“你说啊，你说啊，我这个想法靠谱不靠谱啊。”

其实我最了解她了，只要是她自己认定的事儿，哪里还管别人如何说？她二十岁那年暗恋上一个清秀斯文的小学教师，半年多后，竟到了茶饭不思的地步。我不住地提醒她，姐们儿，我听说人家大学毕业回来当教师，以后还要继续考学深造呢，你就别做梦了吧。凌子头一次表现出颓靡的神情：“我，我就是想把自己做的十字绣送给他啊。那么好看的东西，他怎么就不肯要呢？他还笑话我。可我就是想把这么美好的东西分享给他啊，可他都不懂。”

后来，不知是从哪里听来的，说那个教师喜欢天蓝色。凌子便花了许多钱，买了好几件不同款式的天蓝色衣服。有时候是她妈妈帮她穿戴，有时候是我。不过凌子那白净的皮肤倒也确实适合这种透净清爽的颜色。再后来，我去了北京，每天都能在微信上收到凌子发来的图片和她遇到的新鲜事儿。

有一天晚上，我刚约会回来，心里一直在嘀咕着，这次交往的应该会是个靠谱男人吧。我把吃饭时拍的图片发给凌子看，问她这个人帅不帅，看起来靠谱不？很快，凌子回复了一个很衰的表情："傻妞子，如果他愿意把自己生命中的美好感受都分享给你，那就靠谱。"我问："为啥？"凌子说，她不相信一个到处诉苦、百般抱怨的人能有啥正向的人格力量，"如果他总是怨天尤人、负能量满满，那就果断分手，然后再找！"

"哪有这么容易！"我不忿地回敬道。

凌子打来电话，气鼓鼓地说："宁做剩女，不嫁怨夫，知道不？"

"你在干嘛呢？"本来我想说，我讨厌剩女这个词。

凌子说："准备在微信上给你发好玩儿的图片呢，你期待不？"

"哪能不期待啊！"其实我想说，谢谢你，把生命中所有的美好都和我分享。

第三辑

无需一切完美，生活也能安好

有人追求事业的高度，有人期盼生活更幸福。一句话，我们总是希望人生一切完美，仿佛只有如此，才算是没有荒废这一生的时光。可是，人只要活着，就永远不可能尽善尽美，而只能无限地接近完美。而我们也无需一切完美，就能把生活安排得水起风生。

你当相信，美好的事情总会发生

聪哥是个女的，而且还比我小。我之所以喊她“哥”，倒不是因为她五大三粗、狂放如爷们儿，也不是因为她不拘小节、豪爽潇洒堪比汉子。

实际上，聪哥长得很清秀，属于怎么看都不厌、越看越喜欢的那种类型。我们已经认识五年了，她一直都像个姐姐一般照顾我——当我被现实生活里的小风小浪刺痛时，我第一时间想到的便是她。由聪哥来照顾我的情绪，我觉得很安心。

聪哥挂在嘴边的只有一句话：“怕啥？你得相信，以后的生活都会好起来的，美好的事情总会发生的。”

有朋友打趣她："哎，我说那丫头，你的好事情发生了吗？"

"啥？"聪哥露出一张满是疑问的脸。

"我们是问，你自己的好事情啊，找到男朋友了没有啊？"说着，那几个人跟着起哄，倒是聪哥面不改色地说："男朋友？找到了啊。那不就是你嘛！"一句话倒是把刚才带头起哄的那个人给臊红了脸。

其实，在聪哥心里一直都住着一个人。他们曾经爱得很深，但不知道什么原因，最终两人还是分开了。从那之后，聪哥再也没有用过大红色的复古唇膏，因为他说过那种颜色太深，不适合她。

这是多年前的事情了，没想到聪哥一直都牢牢地记在心里。我听着聪哥的闺蜜张颖说起这些时，心里想着："平时看她很强势的一个人，到底也是有着一颗柔软的心呢！"

张颖既是聪哥的闺蜜，恰好也是我的老朋友，不仅如此，她还是我和聪哥的"媒人"，也正是她，让我更多地了解了聪哥，了解到一个看似强势的姑娘内心中最柔软的情感。

那时的聪哥很青葱，大学尚未毕业，却已经是校内知名人士了：漂亮、有才、性格好，而且还常年拿着奖学金。虽然没有大长腿、大丰胸，但却有着装满阳光的心和善意的笑容。于是，聪哥身边便总有几个毛头小子嗡嗡嗡地围绕着。聪哥可是个有主见的女孩儿，她要选的那个人必得是内外兼修，与自己等级同高。可符合这条标准的男生，基本上也就没几个了。因为聪哥不喜欢文艺范儿男生，说他们太酸；然而，她也不喜欢理工科型男，觉得他们太闷。聪哥的闺蜜张颖和聪哥就在同一所高校，于是，张颖就说："哎，刘聪，你是不是看上人家 03 级汉语言一班的长腿欧巴了？"

聪哥翻着白眼骂她"贱人"，但张颖回忆说，那天聪哥脸颊上飞起的红云，可真是漂亮极了呢！

再后来，也不知是聪哥采取了主动攻势，还是那位长腿欧巴看出了聪哥的心思，反正，两人就那么好上了。在聪哥生日那天，长腿欧巴还专门邀请张颖等几位朋友来聚餐。张颖一改平时大嚼大咽的做派，一手搂着聪哥，一手比划着说："李尘，你一定得对刘聪好！不许你对她不好，要不然，我们饶不了你。"

李尘答应着"好好好"，他咯咯一笑，眼睛眯成了两道沟。但聪哥却说，她从来没见过有哪个男生的笑脸，像李尘那样，带给她踏实和温暖，让她产生一种强烈的依赖感。

聪哥觉得，她有信心把握好这份感情。每当张颖问起她毕业之后的去向问题时，聪哥都会说："他去哪里，我去哪里。或者，我去哪里，他跟我去哪里。"

聪哥那张清秀俊俏的脸上在当时必定写满了岁月静好。然而，这样的幸福并没有延续下去。他们最终还是分开了。至于分手原因，聪哥归结为"有缘无分"，张颖则认为是造化弄人。

失恋之后，紧接着而来的便是母亲生了重病。聪哥都来不及和同学们吃散伙饭，就赶紧回家了。待母亲的身体有了起色，她又要忙着找工作的事。本来在网上联系好了住处，连订金都打给了房东，可当聪哥拖着行李赶到这个城市，按照约定要求入住时，却被房东单方面毁约。无奈之下，聪哥只得先找个小旅馆安身，待次日再去考虑住房问题。

那时候，聪哥身材清瘦，一张巴掌小脸儿上总是挂着笑。可是经过了接二连三的麻烦之后，整个人都枯萎下去了。那时候她就像发了神经一般，每天早起对着镜子念"肯定句"，她说，这是李尘教给她的。

已经搬去和聪哥同住的张颖就说："别总提他了，行不？真的对你好，就该留下来和你好好相处，而不是遇到一点儿现实问题就当缩头乌龟。”

每次听到闺蜜这样说自己的前任，聪哥总要皱着眉头替他辩护：“哎呀，你不懂，他必然是有自己苦衷的，而且，我也相信，一切都能好起来。我的生活，肯定会好起来的，不论有没有人陪着我。”

张颖听完，丢过来一个抱枕：“去你的，老娘难道不是人啊？老娘难道没陪你啊？小没良心的！”

其实，我真正想知道的是，像聪哥那样打了鸡血一般每天早起念“肯定句”是否真的有用。张颖若有所思地点点头：“嗯，应该是有些用处的。你看她每天要忙那么多事儿，又经常充当大姐姐，来照顾身边的一干小朋友，若是没用，那她有念肯定句的时间还不如多吃点儿东西补充补充营养呢。”

我也问过聪哥：“你所期待的美好的事儿，发生了吗？”

见聪哥半天没说话，我就抬头看了她一眼。这一看，可把我吓得不轻。只见她一张严肃脸，呆呆地望着窗外。我以为她在生气，可我又记起来，她从没有过和别人急赤白脸的时候啊。那么，她一定是因为想起了什么难以放下的往事，所以才分外感伤吧。可为什么，她的嘴角渐渐地上扬，又露出了微笑呢？

这几年，聪哥的生活并不顺利，但她又说，这一辈子，谁还没遇到过几个沟沟坎坎？她还说，她一直都相信，美好的事情会发生，只是不能光等待，美好的生活还是要靠自己创造。现在，她生活得很好。虽然没有百万年薪，也没有小鲜肉男友，但幸福这种内心感受是假装不来的。聪哥也说，想彻底放下一个人，不是什么容易的事儿。但至少，她从来没有怀疑爱情，更不会因为一次感情受挫就大骂天下男人都是混蛋。至少，聪哥也在给别人机会，她并没有将自己的心紧闭在过去的时空中，但同时也保持着自己的态度和腔调：遇到喜欢的，可以自己主动告白，甚至去追求，但务必要明确的是，尽量保持着感情上的真实和纯粹。

我记得，在上海，聪哥和张颖一待就是三年。她们吃过什么样的苦，我想每一个漂泊在外的人都能想见。这种事情，说多了就会觉得矫情。只是，每当我觉得自己遇到了什么不痛快的事儿，我也会学着聪哥的样子，自己给自己打气。

活在这珍贵的人间，不单是美好的事情要靠着自己创造，而且那温暖的心境也是如此。活在这世间，人必须得相信点儿什么，如此才可能保有心性中的那一份明净和纯粹。

咖啡带着灵魂散发的香气

在很多时候，我都不喜欢一边走一边喝咖啡，比如星巴克咖啡馆里出售的那种倒在防漏纸杯里的咖啡。我总觉得，这样急匆匆的脚步实在与咖啡醇厚的香气不怎么搭调。

当然，我也不喜欢在快餐厅内喝咖啡，因为这样的地方太过喧闹，很容易就破坏掉一杯冒着热气、口感香醇的咖啡所带来的惬意。

不过也有例外的时候，比如必须要在快餐厅内等某个朋友，或者在大冷天里着急赶路忙事情，于是面前或手中的咖啡杯再不能带给自己半分舒适惬意的感觉。记得在一个大冬天，为了赴朋友的约会，我从一个地方赶奔到另一个地方，不得不双手抱着防漏纸杯穿行在马路上，用这微弱的热量来温暖双手。

我承认我是一个相当事多而矫情的人。比如，如果不能安安静静在咖啡馆里坐一会儿，那么我便不会有任何喝咖啡的心情。但令我欢喜的是，身边的朋友都接受并且容忍了我这个坏毛病。后来我想，或许他们也与我有着相同的嗜好吧——读书。咖啡馆里不仅有咖啡，有音乐，通常来说还有书籍。或者，自己随身带着一本书，小小的薄薄的，也不拘是诗集还是小说，只要是自己喜欢的就好。择一个温暖如春的午后，到喜欢的咖啡馆里静静地坐上一会儿，享受一段“活在生活之外”的时光。

之前听一位长期混迹在咖啡馆里的朋友说，16 世纪的咖啡馆被人称为“读书房”，因为那里不仅提供咖啡，还提供书籍，人们去咖啡馆也并不纯是为了消磨时间，而是为了阅读书籍和讨论问题。后来在陈丹燕的《咖啡苦不苦》一书的序言里也读到了同样的内容。以前一直认为咖啡馆是个很温情，也很容易产生浪漫邂逅和美好爱情的地方，但直到现在才知晓，原来它还曾经是一个学术氛围浓厚的公共场所。

在了解到这些后，我对咖啡馆的好感便又增加了几分，不，确切地说，是更觉得它可亲可爱，以至于会觉得，如果一座城市里没有书店，那必定显得这座城市灵魂荒凉；但若是连咖啡馆都没有，那便是欠缺温情了。这样的城市，不停留也罢。

曾经有朋友问我：“在一家咖啡馆里闲闲地度过一个下午，或者一小段时光，那是怎样的一种感觉？”

他这样一问，倒是把我问住了。因为我虽然很喜欢窝在咖啡馆的小角落里专注于自己的时光，但还真是从来没有留意过当时的那种感觉。为了对得起他的这个问题，我特意前往朋友的咖啡馆，点上一杯拿铁，从包里拿出最近在读的一本书，静静地坐了一会儿。

在这段恬静安然的时光里，时间是静止的，喧嚣声是不存在的，人生是用来回味的，迎面相对的目光总是温暖的。这一天，阳光灿烂，咖啡馆里暖和的如同阳春三月。在这里只是静静地坐一会儿，便觉得它满足了自己在精神上追求自由的向往。

人们常说“品咖啡就如同品人生”，人们又说，咖啡馆是一个国家、一个城市的文化载体。但事实上，人们最初喜欢上一家咖啡馆，可是基本上不会想到这些高大上的内容。一个可爱可亲的店主、一种让自己身心舒适的氛围、一位漂亮活泼的店员，甚至一只调皮呆萌的猫咪，都可以成为人们爱上一家咖啡馆的理由。

前段时间，大家都在说“要做一个灵魂有香气的女子”，但我想，如果我的灵魂也有香气，那么很可能就是咖啡香吧。在不同的咖啡馆里与友人来一场酣畅淋漓的闲谈，或者只是自己安静地看会儿书、翻翻杂志，再或者是来参加一次读书沙龙、弹唱演出，都可以成为我感谢这家咖啡馆的理由。

在人人皆忙碌的时代里，总该为自己找一个能够沉静下来的空间、时间，在这个时空里，思想能够延伸得很长，而一低头又会被眼前香气醇浓的咖啡带回到当下现实。咖啡馆里的故事可以如烟如雾那般渐飘渐远，但终究，这些故事还是温暖了那时的许多人。

彼此点头微笑，然后各自安好

1

我对二哥说，其实我特别喜欢八月底九月初的这几天。白天，太阳高高地挂在天上，可天气已不是那么热了，女孩子们依然可以穿着裙子，男孩子们依然可以坐在街边喝啤酒。猫整日地窝在屋檐下打盹，黄昏时、夜晚时有风吹来，从身到心，都透着一种舒爽。身上不再挂着汗了，不再那般浑身粘粘软软，就连心都是湿漉漉的。

二哥吸了一口烟，悠悠地吐出来后指着对面楼说：“你看，这楼层这么高，楼间距这么窄，既然你喜欢在夜晚时散步吹风，那咱们就出去走走吧。”

夜晚不到十点的小区里很安静，甚至连偷情的人没有，惟有一个光着膀子的瘦男人蹲坐在小区入口处，似乎在等谁，又好像只是为了向这个世界证明他的无聊。因为当我和二哥从他身边走过时，他使着死劲儿吹了一个口哨。

我下意识地抓紧二哥的手。记得第一次这样抓着他，应该是在去年的秋天。那天我们要穿过马路到对面早点铺吃饭，面对着往来穿梭如丧尸一般楞头直冲的车辆，我抓紧二哥的手和他慢慢地走到马路对面去。我用余光窥到了二哥略显紧张的侧脸。

然后，我们吃好早点，我又抓着他，再次走到马路对面去。因为我们要在马路对面等公交车。据说清晨 7 点多的 114 公交车上人最多。

那一天，我一直都在想，如果那条宽阔的马路上没有疯狂的车辆，没有迷茫的行人，也没有贴着地面乱滚的塑料袋，那该多好啊！

“今天就别去喝酒了吧，散散步，回去好好休息吧。”二哥点着一颗烟，一团小红点儿在夜晚忽明忽暗地跳动着，这让我想起了那部《萤火虫之墓》。

“下次再去海边，可以看日出了呢。”我从二哥手里拿过那包七匹狼，还剩下最后一颗了。记得第一次借住在二哥家里时，他的书桌上也有一包红七匹狼，那里面只有一颗烟了。我看了一眼，又把它放在桌上。二哥起身披了件外套就出门了。几分钟后，他带着面包、啤酒和两包烟走进来，“外面并不冷哈，一点儿不像十月份的天气。”二哥笑起来时，会露出洁白的牙齿。

可是，二哥，为什么你鼻尖上微微地泛红了呢？

那个十月的夜晚，我的心中一直盘旋着这样的疑问。

“散步散开心了没啊？也不是我说你，别整天闷在屋子里了，世界那么大，你应该去看看。”二哥走到小区某处的霓虹灯下，那缤纷的色彩映在他脸上，就像一个梦幻般的存在。这样凉风习习的夜晚太不真实了。往常这个时候，我应该在看书看电影，或者写点什么。

其实二哥说得对，世界那么大，它值得我去看看。只是，我还没找到愿意陪我去看世界的那个人。

2

有一次我借住在二哥家，本来是在另一个房间看书，忽然我就很想吃点儿什么了，也或许，只是想把读书时的这种惬意给喂得更肥些吧。

“二哥，我饿了。”我光着脚，走到客厅。彼时，他正在和老家的爸妈通电话。

十分钟后，热腾腾、香喷喷的面汤就端上了饭桌，里面还有一个鸡蛋。忘记这是第几次了，二哥在我饿得发慌时像变戏法一般帮我准备出好吃的。

其实，我也挺想亲手给二哥准备一顿饭，只是我经常被他嫌弃。他说我切菜的手势不对，又说我根本分不清味精和盐，还有一次，他居然说钉扣子这种事情，就不该归我管！那次，大家来到海边玩儿，我那件粉白色薄外衣上那本来缝得就不牢固的扣子掉了。不知是什么时候，二哥借来了针和线，我说，我自己会钉。二哥把针线递给我，然后待在一旁冷眼观望。两分钟后，这件外衣被二哥拿了过去，半分钟后，他把它披在了我的身上。

海边的风夹杂着一种潮湿的气味，而现在的我，是多么想再闻一次这种气味啊。

3

二哥说，有一天清晨，当阳光照进屋子里时，他发现书桌的那堆书上有一个看起来很陌生的面孔。那是我送给二哥的新书。虽然不知道他是否喜欢，但我确定，他一定会读。

从去年我就发现了，二哥有个好读书的毛病，如果这真的算是一种病的话，我想我会对那种病入膏肓的人有着格外的好感吧。

二哥桌上的书品类很杂，既有古典诗词，也有青春文学，如果再去翻翻找找，兴许还能翻出一两本专业性较强的读物，这多半儿是和他工作有关的书。我也曾问过他，真的那么喜欢读书吗？二哥倒也实诚，他说，反正工作之余也无事可做，那还不如看看书呢，兴致来了就读，要是觉得哪天心情不好，就抱着小狗和它说悄悄话。

听到此处，我心里多少是有些别扭的。因为明明我可以陪他聊悄悄话，然而他却把这项特权给了狗，可见，我不如那条毛色杂乱的小土狗。

但是在很多时候，我是很想感谢他的。因为我心情不好时，他会陪着我。其实这并不能说明他性格好，而是因为我情绪消沉的情况毕竟太少。闺蜜说，你可以作，真的，你可以作，就应该对他说“老娘心情不好，快来约我吃饭看电影，钱由你出”，看他怎么个反应。

说实话，我不敢试。万一人家来句“最近忙，陪不了你啊”，那我岂不是会很伤感。闺蜜听了后就戳我的脑门儿：“你是真傻假傻啊，你不试试，怎么能明白他对你的心思呢？”

可就是因为如此，我才不想去试，我宁可维持着现在这样的关系，不远不近、不冷不淡，有事了可以互相帮忙，没事了可以随便扯淡。因为我知道，有些话一旦说出来，就收不回来了。

就因为这个，闺蜜一直都骂我不争气。

但我却觉得，见面了彼此点头微笑，然后各自安好，这才是最稳妥的关系。以朋友的名义喜欢着一个人，这种事情，难道我们做得还少么？又不差这一回！

4

张爱玲说：“生在这世上，没有一样感情不是千疮百孔的。”

可如果能够保持着一种恰到好处的距离，是不是就能维系住那种感觉，那种感情呢？

大概，在情到深处时，内心就真的会填满了执著。但所有的不执著，都必然先经历过执著。现在再回想起最初的那个人、那段往事，竟不觉得难过，也不觉得心疼。现在，再见到二哥，依然还会看到那简单的笑容，虽然这故事远没有结束，但必然也没有以后。

可真正值得庆幸的是，在茫茫人海中，曾经遇到过这样一个人，不仅遇到了，还有过那么多温暖的过往可供回忆。这些回忆，就像天边那皎皎的月光，不甚明亮，却至少照耀了大地上的某个地方。

不攀缘，做自己生命的旁观者

前段时间参加朋友组织的一场读书分享会，在活动开始前，参加活动的姑娘们都先聊了一下自己的兴趣爱好。这一聊可不得了，害得我对这些姑娘们又爱又恨：这个做的手工发簪精致得堪比博物馆里的文物，那个手绘的卡通人物活灵活现。听完姑娘们的话后，我简直觉得自己可以从“女人”这种生物中就此退出了。

但，这还不是最令我沮丧的事。在读书分享会结束后，我给当时正在相处的男生打电话，本想约他一起吃饭，可接听电话的却是个陌生的年轻女性！我当时就吃了一惊，不过，并不是因为接电话的是个陌生女性我便把那惊讶抖落一地，而是因为接电话的那个女性很亲昵地叫着他的小名，那声音里充满着暧昧，于是我便自动脑补出他们两人会有的种种亲密举动。

结果，你们可以想见，敏感如我心里肯定不会好过。我特别冷漠地对他说了句“没事”就挂断了电话，那天我独自一人吃了饭，吃得很是潦草简单，并且在那天之后的连续几天之中，我都是一个人闷闷不乐地忙活着，他发来信息我基本不回，他打来电话我也只是简单地说上两句话就挂掉。

我知道，你们会觉得我很怂。“干吗不向他问清楚，接电话的那个女人是谁。”一个朋友当时这样说过。可我偏执地认为，他一定是做了什么过分的事，这个念头是如此地顽固，以至于我越来越不能平衡自己的情绪，并且在一天里经常会不自觉地陷入到坏情绪中。

为了从这糟糕的状态中走出来，我尝试了各种办法，比如抄写经文，或者静坐。在这调整身心的过程中，虽然情绪渐有起色，有由阴转晴的趋势，可我终究还是徘徊在低落的情绪当中，很难彻底地从负面情绪中走出来。到底，我还是被这多日以来的负面情绪拖拽进了一个黑洞。终于有一天，我这坏情绪彻底爆发了。我把近来的不快统统都归结到他身上，不管他说什么，我都觉得他是在掩饰自己的行为，他越辩解，我就越气恼，于是我便陷入到重重无尽的烦恼之中。

不知大家是否有过和我同样的经历：如果生活中发生的某件事不开心，那么生活中接下来遇到的各种事情便都不会太舒心。这些令人苦恼的事情越积越多，在某一天，我不得不暂且放下手头的工作，因为我要用一天的时间来清理身心内堆积的垃圾，不然，我就无法继续做其他的事情，因为我根本就无法专注于手头的工作上。

来，先来看一下，自己身心内淤积的灰尘都是些什么。当我稍微平静放松之后，我对自己这样说。

没错，就是之前的那些小事。实际情况是，那天在电话里喊他小名的那个女人，是他的表姐。其实他一直都想解释清楚，只是我的心被自己那偏执的念头所蒙蔽，以至于自己一直在同自己较劲。

为什么会有这种自己与自己较劲的状态呢？因为攀缘。所谓攀缘，便是我们不由自主地将精神纠缠于某人或某物上。比如，我将自己的意识纠缠在“打电话的那个陌生女性”这个问题上，再比如，我把精神纠缠在“那些参与活动的姑娘们个个都心灵手巧，而只有我什么都不会”，于是，我越是把意识黏着在这些本来与自己毫不相干的事情上，内心便越是生出自卑感来，说白了就是自己与自己过不去，平白地制造出许多负面情绪来。

在唯识宗里有种说法叫“遍计所执性”，是说我们的意识不论走到哪里，都会执著到哪里。比如前面说到的读书分享会，在听完女孩子们的自我介绍后，我开始执著了，我认为我不行，我和这些姑娘相比，我既不心灵手巧，也不聪慧过人。然后在给喜欢的人打去电话时，听到电话中传来一个女声便开始变得不自信、不自在了，“不如其他女生”的念头一生起，自己便先紧紧地抓住了它，以至于把他的解释都理解为他对我的敷衍和欺骗。

如此去想，错的人并不是他，当然，错的人也不是我。世间诸般琐事，所谓对错，全出自于我们自己的评断。

导致后来烦恼重重的元凶是谁呢？是攀缘，即执著、执念。“执著”这个词，没有什么不好意思说的，因为每个人都会有各自的执念。不攀缘、不执著，并不是嘴上说的那么简单。记得在这些事情发生之前，我还曾对朋友说，现在的自己，对人对物对事，已经不似以前那般执著了。可这话才说了没几天，就遇到了这样的考验，想来有些话，真是说不得的。

有人说爱情是悲剧，人生是悲剧，在他看来世间一切皆是悲剧，但悲剧的源头是什么，他就不管不问了。其实若我们自己想明白了便不难觉悟到，人生也好，爱情也罢，它们是悲剧还是喜剧，到底还是依我们自己而定。

生活中的种种烦恼，无一不是自攀缘中而来。遇到什么就纠缠什么，遇到喜欢的纠缠，遇到不喜欢的也纠缠。在经历了有如毒蛇缠物一般的攀缘之后，我们的身心陷入自造的烦恼中。就像前面我提到的那段经历，如果当时我有足够清醒的觉知，能够觉察到自己的情绪正在被自己的执念牵引着走到一个死胡同里。如果我在觉知到自己的执念之后能够赶紧停下，然后深呼吸，从负面情绪中渐渐地走出来，那么，这之后的生命经历便会是另一个样子了吧。只是，人生中从来就不会有如果，而我更坚信的是，生命中的任何一种经验，对自己来说都不是平白出现的。这也是为何潘麟老师说“经常性地保持着高度觉知，使心灵不陷入任何一种情绪、事物之中”，是一项多么重要的生命课程。

攀缘是种病，这是一种心病，而且是人人皆有的心病，所以，千万不要相信有谁说他已放下万缘、不再攀附，也不要轻易就说自己能够看破一切，再无执念。前文分享的经历，只不过是我生活中的一个小片段，但从这一个小片段中大家就不难看出，我们是如何跌落到攀缘所设的陷阱中的。

前几天看古印度的《瑜伽经》，发现这里面讲到，瑜伽修行的真正目的就在于识别、解除和超越攀缘缠缚以及对人事物的执著。但这种瑜伽修行并非要我们每个人都过着离群索居的生活，而是要把身心放在生活中，把人间当作一个修行的道场。生活中发生的种种变故，我们根本无法预想，但也正因如此，我们才更应该时刻保持着清醒和觉知，至少是在负面情绪、种种烦恼刚一露出苗头来时，我们能察觉到并将烦恼搁置一旁，做一个自己生命的旁观者，使意识不陷落于任何一种情绪或情境中。

于安静处体会生命的盛放

空气中流动的咖啡香、店内摆放的精巧小物件、透过窗子洒落进来的阳光，恰到好处地组成了一幅咖啡馆休闲时光场景。只是在这本该安静悠闲的咖啡馆里却又呈现出另一道风景：一只慵懒地躺在窗前的纯黑色美猫子一边舔着前爪，一边东瞧西望，那样子似乎是打算在这小店内找到一些新的发现；一个放着几本杂志的坐垫上，一只虎斑猫瞪着一双圆眼好奇地盯着刚刚进店的某位美女，虽说每天都有不少顾客打这家咖啡馆进进出出，可它依然表现出惊喜的神情，似乎在这个小小的世界里，永远有它期待发生的故事。

这是一家以猫咪为主题的咖啡馆。最初被它吸引，一是因为猫，二是因为那别致雅趣的名字：喵呜咖啡。即便身处这咖啡馆、冷饮店扎堆生长的小巷子里，喵呜也显得格外娴静，还真是有着猫一样的性子。在咖啡馆门口除了挂着一块标明店内主推饮品的小黑板之外，还有这家店的招牌以及几盆开得欢快的花儿。喵呜咖啡馆之所以小有盛名，不仅因为其主打咖啡富有特色，更因为有许多猫儿在，所以才吸引了大批爱猫人士慕名而来。有位朋友是猫粉儿，她在网上看到喵呜的信息后便约上姐妹淘来店里看猫。她试着用手机拍下猫儿们的憨态，只可惜无论多么高的像素都无法再现出猫儿们的灵气。不过，她对这些猫们做出的评论倒是深得我心，她说与猫玩耍，便是在安静处体验生命的盛放。

确实是呢！猫是娴静温软的，但那柔软的身体里又住着一颗鲜活饱满的灵魂。

午后的喵呜咖啡馆散发着质朴的气质，店内的实木桌椅，给人一种不骄矜、不做作的亲切感。特别喜欢这里的某一面墙上挂着的那一领草席，在草席壁挂上还有几张风景照片，简简单单的一个小心思，却营造出别具韵味的轻松惬意感。

喵呜咖啡馆里的摆设很有怀旧感：老式座机电话、老式缝纫机、老式台扇、色调简单的格子或者条纹桌布，蓝色印花布做的窗帘。每有阳光照射在那上面，总会让人有一种穿越到上个世纪 90 年代初的错觉。这些带有年代感的东西，妥妥儿的让人觉得这个地方特别适合会友叙旧。店内摆放的长青植物、花花草草也真不少，这可以算是喵呜家除了猫多之外的另一个主要特色吧。这家店是一座老复式宅子，这些点缀和摆设，倒也真的很契合老北京四合院的精神风貌。总结一句话：喵呜咖啡馆，有那么一股家的味道。

几天前，应朋友之邀来到了喵呜。那是个周五的下午，大概两三点钟的样子，人有些多，一层基本都坐满了。随朋友来到二层，发现有位姑娘正在素描，雪白的画纸上是一只酣睡中的猫。一杯拿铁一杯奶茶端上来后，正想与朋友边饮边聊，不想抬眼就看到一只黑猫在屋子里溜达。朋友笑说，这只黑猫看似冷傲，其实比较胆小，“猫总是敏感柔弱的，虽然它们看起来很是冷漠”。

说到这里，要为大家隆重介绍一下喵呜家的几位主要猫咪店员。

先来介绍一下“小米”，它是一只身形肥大的黄色猫咪，又亲民又黏人，据说一年四季最喜欢做的事儿就是懒懒地趴在沙发上睡觉。如果有人轻轻抚摸它的被毛，它就发出轻微的呼噜声，也正因此，“小米”的外号是“任你随便摸”。也有些时候，它呆呆地站在玻璃窗前，出神地望着玻璃窗外的世界。这时候的小米颇有哲学家的派头，似乎在思考着什么重要的猫生问题。有一次，朋友刚刚点完咖啡，她举起手机正要抓拍不远处的小米发呆的表情时，小米却十分不配合地从窗台上跳下来。朋友甚觉扫兴，可没想到小米主动走到她身边，又是蹭她的腿，又是对着她喵喵叫，一脸的呆萌相，把另一桌的客人都给看呆了，直说这猫能读懂人心。

刚才提到的那只黑猫名叫“三水”，它有一身闪亮油光的黑色被毛、一双有神又冷傲的黄色眼睛，看似生性活泼，酷爱上蹿下跳，实则柔媚丛生，各种内向胆小。正是因为胆子太小，所以它轻易不肯给人“一亲芳泽”的机会，但趁着它理毛时抓拍几张图片，那还是可以的。

店里猫掌柜名叫“鼓捣猫宁”，是一只棕色虎斑猫，它能想到最浪漫的事儿就是趴在柜台上看着客人结账，一双好奇的眼睛总是在客人的身上晃来晃去。据朋友说，这只猫掌柜也很亲民，特别是在客人结账的时候，它望着客人的脸，眼神里全是依依不舍。

喵呜家人气最高、资格最老的店员应该非“妙鲜包”莫属了。从这个名字你就可以想到，这是一只包子脸猫咪。短肥圆“妙鲜包”那白白的猫脑袋上有一片深黄色毛，这使它看起来显得可爱又滑稽。这只白色短毛猫是出了名的好脾气，每有客人前来“蹂躏”，它都静静地忍耐着，但前提是你下手抚摸时，力道不要太重。

很多喵呜家的铁粉儿都知道，这家充满猫趣的咖啡馆是由一对爱猫上瘾的姐妹共同打造出来的，而咖啡馆里的猫除了他们自家喂养的之外，还有一些是收留在店里的流浪猫。难得的是，店主人并不会因为是流浪猫就嫌厌它们，在这里，每一只猫的地位都是平等无差别的，在这里，猫与人的关系就是彼此安慰、彼此陪伴的，甚至是彼此疗愈的。虽然这个说法略显矫情，但真正爱猫、养猫、懂猫的人，都能体会得到。

喵呜家的猫，自由、闲适、懒散，和这家咖啡馆的气质正相配。你可以来到这里坐上一个下午，看看猫咪如何慵懒地度过整个下午时光的。满屋的阳光，满屋的猫，面前是一杯香气四溢的咖啡，想想都觉得这种时光真美好。

喵呜店面并不算大，属于那种小且精致的类型，接地气的布置外加散发着慵懒气质的猫咪，很有一种“适合晒着太阳读书、逗猫”的情调。特别值得一提的是，喵呜家的旋转楼梯虽有些小而陡，但却给人一种“猫爬架”的感觉，走在其上，倒感觉自己也变身成了一只猫，在咖啡的香气中以懒散的姿态，打发着悠悠的猫生。

它是一家面积不大，却温馨安静的咖啡馆。或许它不是最文艺的，但却能让人在安静从容的状态中看到生命的真切与怒放，而这种对于生命的真实感受，又是靠着咖啡馆里的猫们传递出来的。

有时候，捧一杯咖啡坐在那里看着猫们摇摇摆摆或者安安静静，便觉得这世上的生命原本就该按照各自的心性来表达自己的内心感受和真切需求。猫们很任性，但我离不开它们。我曾经对朋友说，我喜欢这家咖啡馆的腔调。但其实，我之所以喜欢这里，那是因为这里有猫。

看着猫，我会想到很多。它们能够让时间变得沉重，但马上又让生命显得轻灵。

别怀疑，它们就是有这样的本事，能够让人在静默如夜的时刻感受到生命的壮美盛放。

停下来，给生活一点喘息的时间

春日的某一个午后，你正在倦怠之中，面对着办公桌上的文件，脑子里想的全是各种会议以及生活中的麻烦。你无法使自己平静下来，只觉得窒息，你强迫自己把注意力放在面前的工作中，可无论如何，你的种种努力都以失败告终。如果在此时，有人胆敢因为一点儿事情就来烦你，你即便嘴上不说，内心也已经被熊熊怒火焚烧成一片焦土了。你望着办公室窗外的绿地，心里一个念头闪过：不如，就走出办公楼，到草坪上放松一下吧。

尽管你走出了办公室，正走向草坪，走向那个以为会使自己放松的地方，但你的心始终在矛盾与纠结之中：明明很渴望放松却又犹豫着是不是应该返回办公室继续工作。在很多时候，我们的身心就是在这种矛盾与纠结中被榨干了能量的。

这只是很平常的一个春季的午后，你走在距离办公楼不远的小路上，这条路弯弯曲曲地向前伸展着，一直通往草坪。只是很忽然地，你发现路边的花坛里的几朵小花不知何时已然盛放。它们带着不可抗拒的自然的力量优雅而生动地绽放着。你不知道这种小花是什么品种，但它的盛放却激起了你满心的温柔。你再一抬头，竟不知柳条在什么时候抽出了嫩叶，鹅黄的新鲜的柳叶在阳光下微微透明，像极了初生婴儿的手。

不远处有孩子们的笑声，在另一侧的大马路上传来汽车的嘀嘀声。你本想继续沿着这蜿蜒的小路向前走，可是脚步却依然停留在那些小花丛跟前，忽然你就有一种冲动，想和它们说说话。但是，你的内心又开始上演矛盾与纠结的对手戏，一个声音说：“现在需要的是身心上的全然放松。”而另一个声音却说：“还有许多工作没有完成，怎么还能浪费时间？”就在你如此这般地纠结时，一阵春风吹过，将你的思绪暂时带离了当下的矛盾。不知是在何时你张开了双臂，你的呼吸变得顺畅了，身心也感觉轻盈起来。

当下的此刻，你开始感受到自己的生命是鲜活的，是有力度且有热度的，而在此前的某个时刻，比如在你还没有下楼走出办公室之前，你不过是一个会活动的人偶，或者是一个会思考会说话会活动但就是不能平静安乐的机器人。

如果此时的你累了倦了，那么请想象一下上述的那种场景，并且对那场景的描述进行一番感受。什么叫做“给生活一点喘息的时间”，上面描述的场景已经很好地做出了说明。在这些摆脱了条条框框束缚的时刻里，我们不再想着如何加速加紧地为着生活或工作，而是学会慢下来，缓缓地呼吸，慢慢地走路，以一种非常缓慢的姿态伸展着自己的躯体。终于，我们领悟到，并不是我们放过生活一马，让生活缓慢地喘息就能换来好运，而是我们在放缓放慢生活的过程中，自我正在逐渐地清醒过来。

如果你愿意的话，还可以继续脑补一下沉睡的自我意识在清醒之后将会发生的事情：神清气爽地走回办公室，此刻的你思路清晰、精力充沛，别人都以为是因为有什么好运气降临到你的头上，你才如此生气勃勃，而只有你才知道，你发现了生命中最平常的奇迹——给生活一点喘息的时间，与当下的生活隔开一段距离。一旦这样做了，便会身心安宁继而活力焕发。这种平静的感受并非是由谁赋予的，而是生命中必经的修习。这样的宁静状态，是你与整个世界的一种和谐而美好的感知，它既与你的内在世界相关，也与外部世界有染。费尔南多·佩索阿在《惶然录》中说："一种深沉的宁静，如同没有丝毫用处的东西一样柔软，逐渐下沉，直至我的内心深处。"

当这种"深沉的宁静"由内心产生时，你不再会记得之前曾经有过的焦灼、抑郁、矛盾和纠结，甚至当别人向你问起这些情绪和感受时，你会惊讶莫名：难道此前的自己，竟然是这个样子的吗？你开始感恩这种深沉的宁静，但不会祈求它持续地停驻在你心中，因为你已经知道了它源自何处、来自何方。

你看，给生活一点喘息的时间，它必不会亏待了你。

过一种不被诱惑束缚的生活

故事要从一位朋友发来的邮件说起。

如身边的那些走在人生岔路口、整日彷徨犹豫的人一样，这位朋友每天都生活在困惑、迷茫和压力之中。但与其他人不同的是，她会以很积极的态度去面对自己当前的状态，也会通过做一些力所能及的事情来进行自救，比如给信任的朋友写邮件。

在她发来的一封封邮件中，不断地讲述着自己面对未来的迷茫、面对人生问题的困惑和不知所措。每一封邮件，都写得文采斐然，但这并没有什么用，因为她根本没有看清自己的问题出在哪里。

比如说，她不止一次地在邮件里提到“A 市的某公司有个职位很适合我，G 市的一个单位待遇很不错，而这两份工作所要求的条件和资历我都符合，所以，我不知该如何选择了”。如果我说：“选你最喜欢的。”她便回复，“这两份工作都不是自己喜欢的”；如果我说：“选一个发展前景最好的。”那么她便说，H 市的工作发展前景比这两个都好。我以为，她都这样说了，那么肯定会去 H 市发展了吧，结果几天之后又收到她发来的带着满满怨气的邮件。在邮件里她除了不断地为自己那一直以来的迷茫状态感到焦虑，同时又说到几份看起来待遇很不错的工作。在这些工作里，有些看起来高大上，很能满足她的虚荣心；有的则是起薪就比较高，尽管会比较累；还有一份工作，她说和自己的兴趣特别合拍。能有这么多好的机遇摆在面前，真不知这个姑娘为什么还会焦虑迷茫。她说她哪一份工作都很喜欢，但这些工作却没有哪一份是能够完全满足她全部的期待。

我曾问她：“你对工作的全部期待又是什么呢？”

小姑娘马上就回了邮件：“薪水必须要高，未来的发展前景必须要好，能够让自己过上体面的日子这已经是底限了，如果能让自己很容易就升职加薪，那就再好不过了。

姑娘啊，请问您这是在做白日梦吗？

邮件往来近两个多月，她依然没有做出选择，而当初相中的一些工作职位早就被他人抢先了。她将原因归结于自己际遇不随心，但她根本没有意识到，她是被各种诱惑束缚了手脚，遮蔽了双目，一直不采取行动致使希望落空。最后，这个姑娘对我说她认为还是回老家找工作最为稳妥，“因为爸妈都在身边啊，必要时也能得到他们的支援”，但后来据我所知这个朋友并没有回到老家，而是再一次地陷入到感情的诱惑之中，只是她没有再发来邮件和我谈心，而是在微信朋友圈里发了一条动态，“到底该如何选择伴侣啊，喜欢我的人什么都不能给我，能满足我各种条件的人又不喜欢我，真郁闷啊！”

如果一个人活到了什么都想要而又对自己缺少正确评断的份儿上，那也真是够糟心的。当你明确地知道自己想要的是什么时，欲念会成为你创造生活、提升自我的动力；当你只是想不断地拥有一切却不知道什么才是自己真正需要、真正渴求的东西时，欲念便会带来身心的折磨。

而后者，也被人们称为诱惑。如果我们的一生总是不断地被欲念所刺激、控制，我们便会时刻活在诱惑中，要么是在追逐欲念的过程中逐渐丧失自我，要么就是终日活在欲念实现后的假想中迷茫度日。

记得在《荒野生存》里说，有些人会问：为什么现在行动？为什么不等等呢？片中给出的回答很明了，这个世界不会等你。而被诱惑束缚了手脚的人却从来都不是活在当下的行动派。他们看到的只有未来的幸福画面，却往往忽略了眼下将要饿肚子的可能；他们在心灵的画布上给自己设定了无数美好的将来，可是却没有为了实现梦想而采取行动，结果一日美梦醒来，也只会落个双手空空。

我们生活在一个充满诱惑的世界中，而所谓的“无法抵抗诱惑”其实是自我管理的欠缺。身边一个姑娘，是我大学时代就认识的校友。以前在校园里时，她看到别人在读什么书，她也要买来；她看到别人报了什么培训班，就不管自己的实际情况，也要去报名；看到哪个女生的漂亮新衣很中意，她便不管自己的气质和衣服是不是搭调，一定要买到手里。看起来，这是个好学上进又知道捯饬自己的姑娘。但问题就在于，她花费了金钱和时间，却根本看不到任何成效。买回来的书堆得如同小山，报过的培训班两只手都数不过来，衣橱里的衣服大多都很新，但她并没有变得比之前更有内涵、更优秀、更漂亮，而是终日都在迷茫和追逐中度日，报班、买书、买衣服的冲动丝毫不见减少。

我也曾问过她，既然不是自己喜欢的书、不是自己真正感兴趣的培训班，那又为何要在上面花那么多钱呢？她很不好意思地说，她也管不住自己，从小到大，一直就是这个样子。“看到别人有什么，自己就特别想有，不然的话，就特别烦躁、特别郁闷。这种诱惑，我根本抵抗不了，但当我报班、买书、买衣服之后，心里就会特别畅快。”

像她这种花钱法，“败家”二字简直都不够来形容的。当然如此开销的背后，需要有一个富裕家庭的支撑。但很遗憾，这位同学的家庭条件实在一般，而她的日常花销全部是借来的钱或不停做兼职赚来的钱！

你一定觉得我这个同学很愚痴，是吧？如果不是对外物起了那么多的贪执，就不会活得这么辛苦了。而她平时累死累活做兼职打工赚来的钱，也能积攒下一大笔了。

但是，在诱惑面前，我们都是劝得了别人却管不住自己。

一大早打开了电脑，明明是打算写点儿什么，却忍不住点开淘宝网站，开始浏览当季的新款服装；晚上十点不到就躺在床上，原本是想把手头的小说读完，结果没读几页，就开始刷起了微信，在朋友圈里点赞点得不亦乐乎；设定了闹钟，为的是第二天清早起床去晨练，但躺在被窝里听歌的感觉似乎会更爽，于是按掉闹钟，继续赖床。

以上这些，就是我自己的生活写照，但我想，像我这样生活的人未必就是少数。在我们的生活里，随时随地都会出现那些让我们放弃曾经确立的目标的各种事物。比如对金钱的盲目渴求会让我们抛弃昔日的恋人，比如对地位的不断痴迷会令我们偏离原来的发展方向。这些诱惑如洪水猛兽，要对峙它们，仅仅靠“围堵”、靠“无视”是根本行不通的。与其徒劳地和诱惑较劲，倒不如培养起自己的自制力和意志力。世上的诱惑千千万，但总有些少数派能够成为不被诱惑束缚了手脚和心灵的人，而事实也证明，不被诱惑束缚的生活，确实更值得每一个人去追求。

第四辑

你给生活诗意，生活给你风景

有人说，生活中不仅有柴米油盐，还有诗歌和远方。有人说，生活能有多美好，取决于你对生活有多热爱。在细碎的日子里，我们逐渐老去、华年不再，但如果我们有一颗丰盈美好的心，就一定能把细碎的日子过成一道优美诗意的风景。

在老去的岁月里，做个温暖的人

在谢丽的化妆盒里有许多支口红。玫紫红、复古大红、蔷薇粉、樱桃红……那么一个四四方方、精致美观的盒子里，总得装了四五十支口红吧。其中有十多支还从来没有用过。

谢丽买来这些东西，只是图当时心情好。“看到这些色彩，我的心情就会好起来。把钱用在能让自己开心的东西上，这很值！”

熟识谢丽的人都知道，她曾有过一段短暂的婚姻。即便是离婚之后，年轻漂亮的她也依然有能力保持着优渥的生活。只是，她并不开心。不然就不会隔三差五地买回一堆东西来。

她说这房子太大，总需要用一些东西填满。于是，朋友们眼中的谢丽便成为了名副其实的“败家娘们儿”。

那天是个周六，天清气朗，阳光温柔。谢丽突然就来了兴致，打算到住宅附近的公园里去散散步。毕竟，不论受过多么深的创痛，生活还是得继续下去。过去的就过去吧，谢丽总是这样劝自己。但不得不说，这种经常性的自我暗示终于发生了作用。谢丽总算趁着阳光正好时出来走走，顺便让自己那发霉已久的心灵接受一下阳光的洗礼。

公园里面人并不多。谢丽在小径上慢悠悠地走着，一会儿蹙紧了眉头，一会儿又呆呆地笑起来。她就这样缓慢地走着，低着头，走在公园里的小径上。那小径两旁，尽是一些花花草草，是谢丽叫不出名字来的、不起眼的小花小草。

在同一条小径上，有一位身穿休闲装的女士也在缓慢地行走着。再有几十步，她就会和谢丽撞个正着。因为她也是一边思索着一边在走路。

谢丽抬眼看到不远处有个身影正向着自己迎面而来。也许是因为那人身上衣服的颜色正是谢丽喜欢的那种，又或许是因为谢丽终于想明白了什么问题。总之，她冲着迎面而来的那个陌生人露出了一个笑容，很灿烂也很真诚地露出了一排小白牙。

“早啊，姑娘！”穿着休闲装的女士用平平常常的地一句问候回报了谢丽充满善意的笑容。

谢丽才看清，迎面走来的这人可是已经不年轻了。但那白净的面庞上却并没有上了年岁的人特有的苍老和荒凉。那是一张红润的且充满了喜悦的面庞。

不知为什么，自第一眼看到这张脸后，谢丽就觉得满心欢喜。她暗暗地想，“五六十岁的人，还能有这样的精气神，还能这样穿得美美的出来散步，真是让人觉得可亲呢！”

打过招呼后，两人便各自走开了。只是，谢丽转过身去，望着那渐渐走远的身影，不由得啧啧称叹：“从后面看，就像是三十来岁的女人呢！真希望我老去之后，也能像她这样优雅又温暖。”

在这之后，谢丽便时常来公园里散心。她并不是喜欢运动的人，只是很想再次遇到那个带着喜悦的优雅女士。她觉得，一定要和那个女士聊一聊，因为她非常迫切地想知道，那个女人到底是如何安排生活的。她非常需要有人告诉她，一个人空荡荡的日子，应该如何安然地度过。其实，她很想问问自己的母亲，只是谢丽的爸妈整天忙于生意，即便是女儿离异，感情再无着落，他们也只是给她钱，给她很多钱，却从来没有告诉过她，一个人的日子到底该怎么过。

在一次小聚时，谢丽和闺蜜说起了自己在公园里遇到的那位五六十岁的女士。那时，她和那位女士已经算是半个熟人了，偶然遇到时会一起散步聊天。她从来不问谢丽的私人问题，不像有些大妈那样，不论和你熟不熟，开口必问收入多少、是否婚姻以及打算生几个孩子。

“我猜，她年轻时一定也特别幸福吧。原本还想喊她阿姨，后来，我反而觉得喊她姐姐更适合。”谢丽说这话时，想到的是那张从容随和、光彩照人的脸，以及那些已然过时却又让人觉得舒服的衣服。

“噢，我突然想起来，你说的这个人，我也认识呢。”身为记者的闺蜜放下手里的刀叉，眼神里跳跃的光芒似乎企图要宣布一件不可告人的秘密。

“她年轻时过得可不容易呢。”闺蜜的话匣子一打开，就很难收得住，但也正因如此，谢丽才了解到她一直仰慕的那位“姐姐”的情况。

谢丽的那位“姐姐”已经六十开外了，她并没有用什么特殊的手段来“驻颜”，因为她的钱要么是捐助给流浪动物救助协会，要么是资助贫困家庭的学子。有人会问，为什么这老太太不把钱给自家儿女呢？因为她无儿无女，爱人去世后就一直自己生活。只是，她很少对人说起自己的生活，只有采访过她的记者才知道她生活得怎样。她的生活，并不清苦，但也不是多么富贵。偶尔的，老太太会给自己准备一些精致又可口的饭菜，每天去公园锻炼也是她的必修课，这就和关注公益活动一样，是坚持多年的乐趣了。她总是说，人都会老去，但在老去的岁月里，也可以做一个温暖而温婉的人。她养花，养猫，养金鱼，愿意为了照顾生病的流浪狗而彻夜忙碌，也喜欢把自己生活里遇到的美好幸运分享给身边人。

听完闺蜜的这番讲述，谢丽倒真是沉默了下来。她感叹着没能早早认识这么传奇的人，但又生出一丝丝的惭愧和后悔，因为她原本可以把一个人的时光打理得更充实。但如果，一直都没有遇到过这个人，谢丽的日子也不过是在满足购物欲望之后的空虚中白白地熬过去吧。但值得感恩的是，谢丽到底还是遇见了这样一个与青春无关却和美丽有缘的女人。在那个女人身上，谢丽确实感受到了无限的善意和温暖。只要一想到她在那位六十开外却美好依旧的“姐姐”那里汲取到的鼓励和安稳，她便觉得心里踏实，甚至在看到眼角出现细纹、皮肤也不似从前紧致的时候，都能安然面对。

当我们把善意和温暖装在心里时，自然就不会被外貌的变化而击溃了对生活的向往。

在这世上，漂亮的女人很多，但漂亮和美，那根本就不是同一个段位上的两种概念。漂亮或许会随着青春的逝去而褪色，但美却可以随着年龄的增长而愈加鲜明。人人都会面对老去的那一天，只是，在老去的时候，不要忘记，自己依然可以做个温暖的人。

可以丑，可以老，但就是不能不优雅

1

四月里的某天，一个阳光遍地、春风和煦的清晨。之前不知浪到哪里去的太阳终于肯赏脸露出一笑，也算是温暖了我这个打着哈欠坐早班车出去办事的人那如同草泥马奔腾而过的小心窝。

209路公交车一向以车少且破而闻名，但一想到能在这么好的天气里一边晒太阳一边等车，就由衷地感叹这真是种享受呢。

当然，这其实是有一个前提的，那就是不要遇到那伙儿刚刚跳完广场舞的大妈们。

每一个单身且内向的人（比如我）都对“大老娘们儿”这种生物避之不及，具体原因，各位懂的。

“哟，猫超你在这儿干嘛呢？哦，出门办事啊？是去约会吗？约的谁啊？那谁家的 ×× 人也挺不错的，你为啥不喜欢呢？现在结婚，差不多就行了啊，还讲究啥共同语言啊！看他们家有车有房的，那 ×× 条件也算不柴（我们这里的方言，意思是还不赖，当然，这所谓的“不赖”的程度在不同人眼中自有不同标准）……哎，你别走昂！再和我说说呗，你去市里到底干啥啊？！你新书出来了吗？回头给我两本！！！”

上了 209 路，我对司机大姐道了声谢，她很诧异地望着我，但明显她受宠若惊，笑着回我一个微笑，“谢啥呀？等久了吧？这公交线路一更改，出门就是麻烦，绕远了。”她当然不会知道我谢她什么。

虽然等车等得我腰酸腿痛，但正当我想着如何摆脱那问话不断的大妈时，偏偏这车就开过来了——它沐浴着朝霞披挂着晨露，就那么，从路口转弯处，开过来了啊！

来市里办事相当顺畅，我很是惊讶，今天的运气为什么就能这么好，居然丝毫没有被 209 路公交站上偶遇的某位大妈给破坏掉。

傍晚回家，我一边大嚼我妈早已做好的饭菜，一边说："××× 家的大妈真烦人……"我如此这般地把早上的事情和我妈说了一遍，我妈特别淡定地点了点头，当我往嘴里塞了一块蘑菇时，她告诉我，早上遇到的那个大妈进医院了。

我心里着实吃了一惊，真有些后悔不该这样说人家。我问我妈："她是突发心脏病才去的医院吗？"

"不，她乱管别人家的闲事儿，被那家的男人给揍了！"

2

安妮在电话里约我去"有间咖啡"小聚时还一再叮嘱："猫超你可别迟到。"

一向没有什么时间观念的我只好连午觉都不睡了，怕一不小心睡过头，又该被脾气暴躁的安妮大小姐痛骂一顿了。

不过，这次挨骂的人却是安妮。因为她不仅迟到了，而且还鼓着一张充满怒气的脸站在我面前，她的这个样子完全破坏了我喝咖啡、闲扯淡的兴致。但我所熟悉的安妮，是个时间观念极强的姑娘，虽说性子暴躁，可她做事爽快麻利，从不矫情更不抠门儿。

“来来来，先坐下来休息一会儿，然后再给我说说你是路上偶遇大帅哥了，还是跑了的前男友又追你求复合了。”

安妮坐在我对面，瞪着一对死鱼眼就说：“奶奶的，半路上杀出来个老娘们儿！”

吐槽就吐槽呗，咱别骂街成嘛？本想这么说她几句，但奈何我还没张口，安妮就开始了她的吐槽神功。

“事情的经过是这样的：一点半我从家里出发，计划步行来到这里，反正10来分钟的路程，就当健身了。结果今天我不仅健身了，还遇到贱人了。”

怎么了呢？我喝一口咖啡，掏一下耳朵，以证明我现在已经做好充分的准备要听安妮小姐如何吐槽那喜欢乱问闲事的大妈。

谈对象了吗？哦，谈了啊，准备啥时候结婚啊？什么，分手了啊？哎呀，不是我说你哈，你都老大不小了，为什么这么不珍惜感情呢？哦，男朋友主动要分的啊？哎呀，你以前的对象我可见过，条件不错的呢，还不赶紧追回来，错过了，那可不好再找同样条件的了。哎呀，什么分就分啊？你们年轻人就是太浮躁，你们就是没有家庭观念，我像你这么大的时候，孩子都生俩了。你和他为啥分手啊？这谈了对象再分手，女的就是吃亏！你看你，分手一个月了吧？还没找到新对象呢！回头我给你介绍个。哎，你别走啊！你约了什么朋友啊？不是相亲那还去什么咖啡馆啊？你们年轻人就是太能花钱……

“我们这邻居怎么这么烦啊！她每次见了别人都要里里外外地把人家的事情问一遍。真讨厌！”安妮对着咖啡杯不停地翻白眼，都不考虑一下咖啡杯以及咖啡杯对面的我的感受。

“哦，那么，她儿子和儿媳离婚了吗？”

“不知道啊，她从来没说。上次他们家那事儿，闹得沸沸扬扬的，她藏着还来不及呢。”

“这老太太，真是！有闲工夫怎么不去管她儿子的事呢！”

安妮略略地歪了一下头：“她有一次来到我家，连哭带嚎的，说儿媳妇怎么都要离婚。我妈就安慰她，说聚散都是看缘分。她又说，哎，还不都是因为我儿子没有钱！”

“管她呢！还是和我说说你最近的出游计划吧。”

安妮眼中放光，她从包里拿出一个小本本，说着：“我可得趁年轻，好好安排一下自己的生活。这女人呐，可以老，可以丑，但就是不能不优雅。即便老去，咱也温暖而优雅……”

3

上周六赶赴朋友家的一个饭局，因为路上堵车我到的稍稍有些迟。慧子开了门后对我丢了个眼色，“梅梅正生气呢，你快哄哄她去。”

梅梅是我和慧子共同的朋友，因为她说话有喜感，而且从来不是那种吵吵闹闹、咋咋呼呼的姑娘，所以我们这一圈朋友都挺喜欢她的。从她家到慧子家并不算近，坐车大概30分钟。我不知道在这30分钟的车程中，到底有什么事能让梅梅这么不开心。是钱包被人偷了还是手机给人摸了？总不会是在拥挤的车厢里屁股给人摸了吧。

“唉，别逗我了，我是认真的，我真的不高兴！”梅梅这天恰好是生理期，上了公交车后便找了个位置坐下来，只等到慧子家大吃一顿来补偿一下这一来一回一个小时车程上所受的颠簸之苦。在她上车后的下一站，许多刚从某大超市购物完毕的人们纷纷挤上车，梅梅身边站了个大妈，她说，若是在平时她肯定会把座位让出去的，可那天，姑娘们都懂的，饶是坐着都无法解除腰酸肚痛带来的困扰。

下面要发生的一幕想必大家都能猜到了，那个一身花点点的大妈先后使出了“道德绑架”“污言秽语”和“动手动脚”等招式，整个过程是这样的：

“现在这年轻人啊，别看一个个打扮得花枝招展的，其实素质都不咋样。都没人给老年人让座，还装睡呢！真不知道她们这二十多年的教育是被谁教的！没素质，没礼貌，没公德心！”

“你妈的，你起来不?！知道给老年人让座不?你妈的，还觍个脸在这儿坐着！”

“哎呀，可算下车了。赶紧挪开，我腿都站酸了！”

梅梅说，她站到靠近车后门的位置时，正好有位阿姨要下车，就叫梅梅过来坐，不过她没有过去。“反正再站会儿就到慧子家了，我还免得和别人生闲气了。”

可是姑娘啊，您现在这状态难道不是在生闲气吗?

“也许你身边的那个阿姨，真的是太累了吧。”慧子端来一杯热水，劝解着梅梅。

“唉，谁说不是呢！刚一坐下就掏出了手机，扯着脖子对电话那头的人说今儿超市菜价怎么便宜，又省了多少多少钱。然后又开始八卦邻居家的女儿，大谈特谈邻居家女儿的私事，那声音大的，连公交车都被震散架了！”

4

前几天偶然看见某位哥们儿的 QQ 签名，“珍爱生命，远离大老娘们儿”，一时间被网友们结结实实地点了无数个赞。

这些点赞的朋友们，想来都曾领教过大老娘们儿的各种招数吧：

“你谈对象了吗？什么时候结婚？啥时候要孩子？想生几个？你对象为啥才开那么点儿工资？你咋不找个条件更好的？……”

招数太多，无法一一列举了，还是让猫超我省点儿力气吧。

就在我吐槽大老娘们儿时，一个兄弟说，哎，你嘴巴别那么刻毒，谁没有红颜老去的那天啊！

我觉得“大老娘们儿”这种生物真心与年龄没有直接关系。

身边的一位阿姨，虚岁逼近六十了，但她就不会过问旁人的私事，而且也不喜欢把自己家里的那些破事儿对外人唠叨。每天她起床晨练后总会买些早餐带回家。有一次我坐早班车出门，下楼梯时恰好与她碰个正着。

阿姨也对我唠叨了很多，比如“小心钱包手机”“走路仔细点儿”等等，但没有一句是与我私事儿有关的。这位阿姨爱好很多，比如听戏唱戏、读书看报、看电影，之前想和老伴儿报个旅行团，但他们经常因为去哪里旅游而意见不同。前不久，阿姨看到我下楼取快递，就说，有什么好书，推荐两本。最近阿姨还要参与一些公益活动，做些力所能及的事情。别人问她，都这把岁数了，费这个劲干啥。阿姨说，就是图一乐儿呗。

反观那些年纪不大却专以探听别人隐私见长、以八卦他人私事为乐的女性，我真心觉得应该给这位阿姨点上 32 个或者更多的赞。

所以，你看，并不是所有的大妈都可怕，也并不是所有的女人都会放弃优雅美丽，无力地看着青春流去的同时，还自甘退步，停止成长，甘愿与美好的人生就此绝缘。

我妈说，女人就得有主见，女人就得活出自我。

我妈又说，过好自己的生活就够了，在外面，多言多语多是非。

想起庄雅婷在一篇文章里这样评价说：“更可怕的是（大老娘们儿）还自带价值观评判系统，和自己不一样的生活方式都是有病，发自内心的觉得我都是为你好。”最初看到这句话时，简直有一种遇到知音的感觉，我身边的一个异性友人直接就把这句话写在了腾讯空间里，后来连带这篇文章也给一并分享了。当然，许多中年大妈并不是什么坏人，她们也有着朴实、节俭、勤劳等传统美德，但就上面说到的这一条，就足以将大妈们的那些美德杀得个干干净净了。如果说，大妈们有如此行径是因为时代原因造就，那么一个年纪轻轻的姑娘成天过问别人的私事，那我便觉得她更让人厌烦了，就尽量不要与这类人多来往，因为我既不想听她唠叨别人的家长里短，更不想被她过问自家事情的方方面面。

当然，我们没必要苛求人人都能理解自己的想法、习惯和生活方式。但不苛求不等于认同那种打着“一切为你好”的旗号干涉他人生活、过问别人隐私的行为。人与人之间最好的关系大概上应该是这样的吧，彼此尊重且有分寸感，不论你的生活方式是否与我相同，你和我的关系是远是近，我都不会对你的事情随意干涉。

就像那个哥们儿说的，谁都会有红颜老去的那天，只愿当下的自己能够再努力一点，经营好自己的生活，在老去的路上走得优雅些。当三十年过去后，若是见到什么奇闻趣事或是与自己人生理念格格不入的生活方式，不至于大睁着双眼，摆出“不能理解”状，也不要做出什么平白招人痛恨的事情，我想，这对三十年后的自己来说应该不是什么难事吧。

愿你心头火光不灭，梦想不停息

上周看到他的QQ签名：总会有些小事，把两个人的人生给结结实实地串在一起。

看到之后，我心里一凉：我觉得他一定是恋爱了。而他，是我喜欢好久的人。

我把心底的苦闷说给闺蜜听，闺蜜一边啃着鸡腿，一边大骂我窝囊。可是，那鸡腿还是我出钱买给她的呢。

“怎么办？我心里乱极了。”面对着一桌子美味，我却完全没有胃口。

闺蜜大嚼着鸡腿肉，看都不看我：“告诉他，你一直喜欢他。”

嗯，也是呢！即便他有了自己中意的人，我也得让他知道，我心里是有过他的。于是我抓起背包径直走出了餐馆，把我那埋头大吃的闺蜜留在了那里。

其实她并不孤独。我不仅给她留下了一桌好菜，而且还完成了埋单的任务。

我管他叫“二哥”，但其实他比我小了好几岁。我喜欢在微信上黏着他，“我心情不好了，怎么办啊？”其实我想说的是：“我心情不好了，你来约我吧，或者我去找你。”但我一直没有说过。我总怕开了口，就再也回不去了。

“说吧，你最近这是又遇到了什么麻烦事儿？”二哥坐在我对面歪着头看我，大眼睛里扑闪扑闪的光，刺痛了我的眼。

“那个，你最近好吗？”唉，我真傻啊，这个问题问的就很傻。之前我在家对着镜子给自己打气，我告诉自己，反正他也快成为别人的人了，心里的想法再不说可就永远都不能说了。可见面后，问的却是这么个弱智问题。

二哥嘿嘿嘿地笑出声音来。他说他过得不好，因为他很重要的一位朋友过得不好。但他还是一直给那位很重要的朋友送去鼓励，希望能让对方温暖平安地度过这个冬天。

对于这事儿，我多少有些嫉妒。不对，是非常嫉妒。虽然，二哥平时也经常鼓励我，动辄就是要坚强、不服输，偶尔还在朋友圈里发送一些鸡汤段子，配上一些暖心小图。但我还是很嫉妒。因为，我不是他那个最重要的朋友。

“你一直想做的事情，都做完了吗？”二哥突然问。这问话来势汹汹，直让我无法避开。见我不回答，他又说：“来，告诉我，你有梦想吗？”

二哥，我能说我的梦想除了成为一名饰品设计师之外就是牵你的手，和你共度余生吗？

“来，再告诉我，你是不是已经把心头的那团火给浇灭了？你是不是已经放弃了整天挂在嘴边的梦想？”面对着二哥的絮絮叨叨，我倒是想起了以前的那些事。那时，他说他的梦想是创作一部网络小说，哪怕写得再烂，哪怕被读者骂得再惨，也要坚持着写完。我说，我就想做一名设计师，设计并制作出自己中意的饰品，不为卖钱，只图喜欢。二哥拍了一下我的肩，他说，想法很赞，那你就先做一条手串送我吧。

阳光落在桌上，却没有照到二哥的脸——那张略显青涩却心事丛生的脸。

当然，我的心事并不比他的少。我想起来的，是我们一起经历过的那些小事儿。互相帮忙买饭，偶尔逛街K歌。但做过最多的，还是互相给对方打气，互相说着自己心中的梦想。二哥曾送过我一本书，在扉页上写着："愿你心头火光不灭，梦想不停息。"字迹娟秀，完全不像出自男生之手。我礼尚往来，主动帮他整理房间、清洗衣物，中午又做了好饭好菜。那一刻，我心头全是沉甸甸的满足感。

记忆的闸门一旦打开，就很难再关上。尤其是在这个当口，我总想着，我和他如果能永远这样互相温暖下去该有多好。但我也知道，这个念头并不实际，因为天底下没有能够永远痴缠下去的温暖。

顺着记忆的绳索向前攀援，我想起了许许多多的事情，尽是些淡如晨星的小事。比如，偶尔我们会在微信上互道早安和晚安，他知道我喜欢猫，所以在我家的大白猫病逝后便很留心地寻找温顺可爱的猫咪，希望能用一只新猫来治愈当时尚处于伤痛期的我。

这样想去，竟发觉在一年多的时间里，我们居然经历了那么多的小事，而且很多小事，都与梦想有关。二哥说，这年月可不缺有梦想的人，“别看有的人张口梦想，闭口追求，看上去牛叉得紧，其实真正肯埋头努力的人，才不会把时间浪费在喷唾沫星子上呢！”

我说，可能是因为梦想这玩意儿太不好实现，所以人们也只能痛快痛快嘴巴了。

二哥看着我，眼睛都不带眨的，他拍了拍自己的心口说：“只要心头的那团火不灭，梦想就不会停息，我就会一直努力下去。”

在这个人人皆以大谈梦想、特谈追求为“美德”的社会里，二哥也真是朴实得超乎寻常。他只是会对我提起自己对未来的规划以及那个写长篇小说的愿望。有时候我会很犯怂，觉得自己想做的事情肯定做不成。二哥倒一反常态，没有讲什么大道理，而是默默地下厨做了我最喜欢的菜。等我吃饱喝足之后，他摸着我额前的刘海说：“番茄炒蛋好吃吗？老老实实地去做你喜欢的事情，以后我天天给你做番茄炒蛋吃。”

“一边儿去，每天就给我吃这个啊！你这是打发要饭的呢！”其实当时我心里别提多高兴了，虽然在那之后，我们谁也没有再提起过这档子事儿，可我一直都记得，曾经有那么一个男孩，用我最喜欢的番茄炒蛋来鼓励我朝着梦想前进，鼓励我大胆地去做自己喜欢的事情。

想到这些细密如雨丝的过往小事，忽然觉得心头一暖。“如果，真的不能和喜欢的那个人在一起，那么至少有过那许多温暖的回忆，而这些，也足以化成自己追求梦想的动力了吧。”我这样想着，思绪却被二哥打断了。

他的声音轻轻响起，就像雨滴敲在窗子上，我从没有听过那么温柔而充满力量的声音。那声音响起时，世上的每一个角落便都静了；那声音响起来时，我便当即立刻，狂心都歇。

他说：“就是生命里的那些小事，才把我们结结实实地捆绑在一起了啊。”

“也正是那些看似不起眼的小事，才让我们有了向着梦想前行的动力，不是吗？”

我望着他的眼睛，望着落在他的眼眸里的我自己。

之前的哀伤，皆已散去，此时此刻心头惟有对未来淡淡的憧憬。我知道人生路不好走，但至少有这样一个人能够陪着自己走过那么一段路，或者，陪着自己再继续多走一段路。只要一想到这个，心头便如同燃着了火光，而我便是那舞步轻盈的天使，带着全部力量，循着梦想前行。

你该用什么，滋养那日渐苍老的心灵

在我家附近有一条商业街，现在想来，在那个年代里，它被称为“商业街”那还真是有些夸大其辞，——街道两边没有一家像样的商铺和精品店，更没有美食店和快餐店，那些小而简陋的门脸抠抠搜搜地团在一起，更平添了一丝寒酸的气质。

我说的那个年代距离现在并不遥远，就是上个世纪 90 年代。如果我的记忆足够准确，那么，那家小书店就应该是在 1998 年开起来的。

初与天一书店相遇，是在一个炎热的午后，我骑着单车穿过商业街向着学校骑去，以一种散漫无度、挥霍时间的速度，这种速度恰好可以让我在拐弯时看到一家狭小的店面上挂着的大大的招牌：天一书店。

那时的我，读的书并不多，尚不能理解这个“天一”所含的寓意。当时只觉得这书店的名字相当不俗啊。看看学校附近的那些书店们，要不就是“博知”，要么就是“勤读”，听起来就像“彩霞”“玉凤”等女生的名字那样，虽然容易理解但毕竟略显土气且够烂俗，而且也没有什么深度。所以，在我骑车转弯的那当儿，偶然地瞥见“天一书店”这么几个字，心下还是挺激动的。

就在那天放学之后我便来到这小书店里“寻宝”，拿着不多的零用钱来选自己喜欢的书。进了店门，发现这门面不大的书店里面可真是大有文章。在一进门处的书架上摆放着一排排书籍，再向店里面看去，在这十分袖珍的书店里紧贴着三面墙又矗了好几个大书架，书架下面有许多纸箱子和几个塑料小板凳。那些书就静默地被人放置在半新不旧的书架上。我心中未免觉得寒酸：这书店里既不见挂有模仿历代文人所作的字画等物，也不见有一些造型奇特、艺术气息强烈的工艺品。看看那些“博知”们，那些“勤读”们，里面挂的要么是“学海无涯苦作舟”，要么就是“梅花香自苦寒来”。再看看这家“天一书店”，除了书就是书，既没有艺术氛围也没有文化气息，更夸张的是，这家店居然没有收银台，而且，我连店老板在哪儿都没瞧见！

既然无人，那我就姑且先看看书吧，如果看到喜欢的书，就按价签上所标，把书款放到书架上吧。我甚至想，要不要留个字条什么的。但应该写点什么呢？“你家书店好有特色啊。”这样写会不会被店主误以为我在讥讽他家书店寒酸？反正当时想了很多，但一个字也没写，因为在我翻看那些书的时候，有个低沉的男声问：“你是要买啥？”

我被惊得抬起了头，见是一个身量瘦小的男生，我便先愣了一愣，“这店……是你开的？”

“这是我爸的书店，我先帮忙照看一下。”

“哦，我想买书，这个……你们这里打几折？”

“今天我说了算，这排书架的书，十元一本。”他指了指紧挨着门口处的一个书架说。

我像捡了大便宜一般，一口气选了三四本书，从张爱玲的合集到徐志摩的诗歌，虽说那书的品相如同老太太的一张脸又皱又黑，但只要不影响阅读这也算值了啊，——我得为荷包考虑不是，总不能把它饿得唧唧叫吧?

当时我还很真诚地道了谢，后来与这家店和这一家人熟悉了之后，那男生才坏坏地说:“你知道那些书我爸多少钱进的货不?”

无商不奸啊无商不奸。

但也是从那个时候开始我才知道原来还有盗版书这么一种奇葩的存在。

怪道我买的几本书里错别字那么多呢。

更贱的是我竟然还一边读一边改错字，最后耐着性子把这些书给读完后又跑去天一书店找那个瘦猴子:“喂，帮我这几本二手书给处理了行不?”

第二次来到“天一书店”大概是半个月之后了吧。那天在语文课上老师读了一篇余秋雨的散文，我被惊艳到魂不附体，所以放学后便直奔“天一”，车都没锁（想来也不会有人盯上我那破车）进了书店就问:“有余秋雨的书吗?”

“我给你找找，昨天我还看到了呢!”蹲在一旁收拾书架的那个人“嗖”地站了起来。我看到那是个穿着大背心、大短裤的高个男人，可不知为什么，我对他的这身行头颇为不满：穿成这个样子，一点不像开书店的，倒与那街头的盲流子有些相似。

“给你，十元，谢谢。”说完他又蹲在刚才那地方忙着整理他的书。

“钱放哪儿？”

“你看着放吧。看哪儿顺眼就放哪儿。”他连头都不抬。

付账走人，骑车回家。准备饭后赶紧先读读新买来的书。

那本书的名字说出来想必你们都知道，它叫《文化苦旅》，书中有篇文章就叫《风雨天一阁》，其中还讲了“天一”的出处。虽然这仍是一本不折不扣的盗版书，但质量却比之前的好了很多。读完那篇《风雨天一阁》之后我开始对“天一书店”的老板肃然起敬：想不到还是真人不露相啊！

过了几天我又来到这小书店，进门之后又看到了那个既瘦且小的男生：“我说，你家书店的店名还挺有来头的嘛！”

“什么来头？”他睁圆了一双眼睛，满脸写的匪夷所思。

“你家书店这不叫‘天一书店’么，可不就是源自于《易经》里的‘天一生水’嘛。”

听我说完，那小男孩的脸上开满了哭笑不得的花朵：“我爸是用我的名字来给书店命名的，我叫王天一。”

在那之后，我又来过几次天一书店，每次都不会空手离开。然后，我高中毕业，去北京读了大学，之后又去了西安读研究生，再然后，我就留在了西安。

而小街上的这家小书店也就如同渐行渐远的初恋一般随风消逝了。

在西安待了三年之后我又带着全部家当投奔到在老家发展的某位师妹那里。我在西安忙得热火朝天时，她正一门心思地在某家教育培训机构里工作。当她听闻我有了离开西安回老家的想法后，便时不时地发来慰问短信，偶尔也劝我："我们单位现在特别需要像你这样的人才，你什么时候回老家，一定要第一时间联系我哟。"

于是，我就犯下了错误，我把别人"说说而已"的事情当了真。回到老家后，我不负当日承诺，第一时间联系了她。学妹在电话里说，哦，你回来就好，我们现在不招人，但你可以先调整一下生活，然后再继续考虑工作的事儿。当晚，我就把她的号码从手机里永久地抹掉了。

从外面漂了很久之后才发现，其实心底最柔软的那个地方叫做"故乡"。只是，回到家乡之后，我并没有招呼一帮旧友喝酒小聚，而是在休息两天之后又来到了我家附近的那条商业街。

几年不曾来过这里，猛地踏进小街，还真能感受到迎面而来的惊喜：以前，这里有花店、文具店、饰品店、小吃摊，当然，还有书店。现在，这里要么就是肯德基，要么就是麦当劳，内衣店和成人用品店一家连着一家，大有一统天下之感。

街上的人并不多。他们在我身边匆忙而过时，我看到的是一个个眼神空洞的行人。这不禁让我想起了从前。那时候，人们走路没这么快，每一张脸上都带着表情，喜怒哀乐都很真实，因了这种真实，便会觉得这些行人是带着热度在生活。从前小街上还有书店。我记得，那个地方叫“天一书店”。

只是，多年过去后，我再也找不到那个小书店了。记忆里的天一书店已经褪色泛黄，而现实生活中的它，却直接就从这个世界上消失了。其实，在我们的人生中有太多的人和事，最终都会消逝得不留丝毫。只是我觉得，我们的躯体无可避免地逐渐变得苍老，但我们的心灵总是需要一些什么东西来供养。唯有这样，我们才能使生命保持着鲜活而不至于最终成为一架只会行走而无生命的躯壳。

若不是被一个壮实的身体给撞了一下，我想我的思绪很可能从眼前的小街一直延伸到广阔的人生以至于永恒的生命和无限的宇宙。

看来走路时就要安心走路，切不可胡思乱想，不然，不论是被人撞，还是碰到别人，那都会扰乱一天的情绪。

“哎，对不起了啊，刚才没注意到。”一个高高大大的身影遮住了阳光。

但很令我暖心的是，他没有像这个城市里的绝大多数的男生那样粗鲁张狂，没有半点儿绅士风度。一直以来我都有个偏见，喜欢读书的男生可能不会很富裕，但至少还比较讲道理，会多多少少地给人一种妥帖舒适感。

“哦，没什么。我就在这里随便逛逛，顺便找一家书店。”

“书店？这里以前有过，但慢慢地，那些书店都死去了。撑到最后的那家书店，就在去年也关张了。”他用手推了一下鼻梁上的黑框眼镜，语气平淡，但这并没有遮掩住他内心的波澜。

这种说话时的表情和语气，我在多年前就已经见识过了。那个男孩说他叫王天一，他家的书店就是用他的名字来命名的。

“嗯，我就记得这里有个天一书店。”我指着一家装饰奇异而浮夸的店面说。

那是一家情趣用品店。橱窗上还贴了一个穿着暴露、身材火辣的美女招贴画。

“你的记性很好啊。书店关张后，我就做起了新生意。”他又推了一下镜框，“我就是王天一。”

禁不住“故人”的再三邀请，我还是踏进了这家散发着浓重荷尔蒙味道的店。

只是，以前这里充满书香，空气里还涌动着潮湿感。盗版书八元、十元的都有，当然也有正版书供顾客选择，只看你的荷包能否满足你对书的欲念。

原来，天一书店的老板，也就是王天一的父亲是有本职工作的，那时他是一位技术工，开书店只不过是业余爱好，而且还顺带着把自家的闲置书给处理掉了。“我妈就经常埋怨我爸，她说，家里本来就窄巴，还弄来一堆一堆的书。我妈这个人，经常爱和我爸吵吵，但其实她也看书，不过看的都是通俗小说什么的。”

听王天一这样一说，我脑海里又浮现出当年那个身穿大背心、短裤的男人。也就顺带记起了当年读书时口袋里的钱很是有限，买了磁带可能就无法买书，于是少不得厚着脸皮找“熟人”赊账。天一书店的老板便是我唯一的“熟人”。不过，书店老板确实也好说话，而且说话也耐人听：“别急，什么时候钱攒够了，再顺道送来就好。”“这两本书你先拿去看，什么时候给钱都好说。”

那时候，我总把书店老板当成是世上少有的大好人之一的原因便在于此。他不会用话刺痛别人，虽然看起来有点儿凶，可谈起和书有关的话题，那目光就变得特别柔和。这一点，在王天一身上也有所表现，就连喜欢读书这种习惯，都精确无误地在他身上得以延传。那时我还曾偷偷地想，像王天一这种爱读书的人，等他老去，一定不会沦为干瘪无趣的小老头儿，而会成为一个内心丰富、生活有趣的人。

然而，此时熟人相逢，我却好奇的是，这书店怎么就摇身一变，变成了情趣用品店，我这老熟人的人生到底经历了些什么呢？

“店面租金连年上涨，就算我爸妈和我都是有本职工作的，我们开书店不是为了赚钱，可也不能往里倒贴吧。”王天一点起一颗烟，唇角流泻出一些忿忿不平，但很快又恢复了平静。没办法，书店维持不下去，就只能干点儿别的了。这店面，被他的一个朋友给租用了，今天他休息，纯粹就是帮朋友照看小店来的，用他自己的话来说，现在日子过得波澜不惊，实在也没什么意思，就是瞎混。“开店铺的朋友羡慕我，说我现在的生活里除了不太忙的工作，其余时间就是看书，这小日子多么地静安安详。可我总是觉得，这都三十出头了，也没什么折腾生活的心劲儿了，实在是，活得够窝囊，没意思！”

说完，他狠狠地吸了一口烟，可能是由于用力太猛，以至于嘴角的皱纹都显得更深了些。住在我记忆里的那个瘦削少年，随着那缕缕飘散的烟雾，彻底地去而无踪了。

人们都说，读书是一件孤独的事儿，而开书店更是一件烧钱玩命的事儿。尤其是在我的家乡，书成为了一件精巧耐看的装饰品，而倘若有谁胆敢在书上写写画画、家中堆放着成捆成堆的书，便会被人视为异类。只是我觉得，总得用些什么，来给自己那逐渐老去的心灵注入一些生机，总该找点儿什么与赚钱无关的事情，来供养自己那颗向着僵死匆匆奔去的心。

躯体的衰老，是不可避免的自然规律，也正因此，当我们看到那些驻颜有术的人时，总会发出阵阵惊叹。但其实，那些比实际年龄要显得年轻，而且整个身体都充满活力的人，他们的心灵都是靠着某些事物来供养的。这可以是读书，可以是真诚的善意，也可以是保持多年的对生活的热爱。有了这些东西，不论身在哪里，从事着什么工作，每天要面对什么样的人，至少那颗心，不会生出诸如人生如此窝囊、生活很没意思的这般感受。

人穷并没有什么，因为很多富有的人都曾经穷过，只要心不穷就好。然而，我们又该用些什么，来滋养自己那日渐老去的心灵呢?

整理自家书柜时，我还在想着，其实，自己也曾有过开书店的白日梦。看着书架上的那些书，总习惯在看到一些封面比较陌生的书时便要翻开，但那扉页上却工工整整地写着“某年月日，购于天一书店”，此时才知，这本书并不是没有看过，而是看过之后的时间，距离现在已经隔得太久了。

让老去成为一种优雅的力量

记得在去年三月，一个处处充满寒意的初春的黄昏，我在我的好友许小哈面前哭得稀里哗啦。用她的话来说就是，她整个人都受到了惊吓，简直不知道该说什么、该做什么。

说起来很脸红，那天我本来是在她的杂货铺里帮忙的。该忙的事情告一段落后，我们便做各自的事情，她继续串编水晶手链，而我则随手翻开桌边的一本杂志，随着店内播放的音乐一路读将开去。忘记杂志的名字了，依稀记得里面收录的尽是一些关于亲情、友情的各种暖文。原本以为在这种杂志上看到的不过是老掉牙的故事情节以及穿插其中的种种煽情，但读到某一篇文章时，我竟是一边哭着一边读完了它。

小哈觉得很好奇，便问我这是一篇怎样的文章，竟然能让我这个整日没心没肺傻笑的人哭成狗。

“其实，文章写得一般，我只是在读它时想起了奶奶。”

坐在我身边的小哈悠悠地吐了个烟圈，然后低头去忙手头的事了。

我就那么静静地坐着，以为一眨眼后便回到了奶奶家。

我的奶奶今年已经八十岁了，虽然体力精力已大不如前，但依然保持着清晨出去散步、锻炼的习惯。以前爷爷还在时，总是爷爷在身边陪着她，后来爷爷不在了，她就一个人默默地走在通往广场的路上。有一天我醒的很早，便说要陪她去晨练。本以为她会很开心，就像那一年胖乎乎的表妹来到世间那样，可奶奶看了一眼窗外说：“下着雨呢，不出去了。”然后对着镜子看了一眼自己的裤子，喃喃地说：“才换的衣服呢，这天气出去散步，那裤脚肯定会被地上的积水弄脏了。”但其实当她帮助邻居照顾小狗时，却从不在意那爱掉毛的小狗让自己的衣服瞬间变成“毛衣”。

奶奶平时是很爱美的，每次出门包包里必定装上手绢和镜子。她也喜欢看那些打扮得很漂亮的女孩子，她总说，看一个女人爱不爱自己，那得看她知不知道捯饬自己。奶奶又说，老了老了，但也该干净利索，每天都乐乐呵呵的。表妹问，那我给您买一套红色运动服，你会喜欢不？奶奶一边梳着头一边说："当然喜欢了，鲜亮的颜色又不是你们小娃娃的专属。"

实际上，自从爷爷去世后，奶奶就收起了所有色彩鲜艳的衣服。曾经她特别喜欢正红色的老年休闲服，这么一身红色再配着她那满头银白和满面笑容，当真是好看得不得了。有时候看着奶奶整理衣橱、养花弄草、看书读报，我就觉得老去也并不是什么恐怖的事情，老去也能成为一种优雅的力量，但我们至少要在年轻时就开始培养自己敢于直面这种优雅的勇气。不知你是否同我一样，在闲暇时会想到自己七八十岁时的生活状态。我们倒不必与那舞台上闪耀的明星相比。虽然锦衣华服并不是每一个人都能拥有，但直面老去的勇气却人人皆可具备，那些说什么"怕变老，不想变老"的人实在是没活明白：生老病死是自然规律，它们不会因为你害怕、你不愿意就不存在，而老去，其实也可以成为一种优雅的力量。

我的奶奶喜欢侍弄花草、养鱼逗猫。原本空间不大的阳台上摆满了她亲自选来的盆花，尽管许多小花小草我都叫不上名字，但每天看着她仔仔细细地浇水、修理枝叶，我便觉得心中一片平和静好。忘记是在哪里看到了慈禧太后的话，大意是说女人的天性就是爱美，女人生来就应该打扮，若是哪天她不爱美、不打扮了，那说明她的心也就死了。奶奶有一句话，说的差不多也是这个意思，她说女人就得学会安排自己的生活，不管是成家的还是没成家的，都应该怎么开心怎么过活，要是哪天把自己真心喜欢的事情都给弄丢了，那说明她的心就真是死了。

爷爷去世后的一个月里，阳台上的花草枯了好多。我既不会侍弄花草，又不忍告诉奶奶，便想着把这些枯萎了的花草给搬出去。奶奶坐在窗子旁看了一会儿阳台上那些焦黄、卷曲的叶子说：“人虽然没了，但花花草草的还得继续活下去啊。”也不知这老太太是用了什么法子，反正那些本该被我挪到外面的花草在短时间内都恢复了神采。

这两年，老太太在养死了两盆蝴蝶兰、送人了三盆文竹之后，开始专心侍弄茉莉花。油绿透明的叶子，雪白芬芳的花瓣，便构成了阳台的主要风景。每当有风吹来，满室满屋都流淌着一股子清香。曾有亲戚看到奶奶养的茉莉花很美，便请求奶奶送她一盆。奶奶可不高兴了，像个小孩子似的嘟哝着说："老头子就喜欢茉莉花，以前住在石景山的时候他专门用一块花手绢包裹茉莉花呢。"其实，我小的时候，奶奶也经常这么干。她选来一块碎花手绢，将几朵既小且白又清香的茉莉花包在里面，然后再把它们放在衣柜里。用这个方法给衣服添香，那可真是比任何香水都好使。一直到现在，奶奶的衣物都有一种清香的味道。每次我闻到这清香，都觉得原来变老也可以成为如此优雅的一件事。

在前段时间，有一篇题为"看看这位 92 岁的姑娘，你的生活只能叫老太婆！"的文章一夜之间火遍了朋友圈。这位 92 岁姑娘有一个相当励志的人生：63 岁时，她在美国空军服兵役；50 岁时创立了自己的时装品牌；70 岁时学习法语和意大利语，并且成为了作曲家；80 岁喜爱上了探戈并一发不可收拾，许多人都被她曼妙的舞姿所吸引；85 岁时又开始学习瑜伽，通过瑜伽和冥想来与自己的身心对话。当许多 30 出头的姑娘看着自己日益松弛的皮肤和眼角出现的细微后不住慨叹岁月不饶人时，这位 92 岁高龄的姑娘却在瑜伽和冥想中收获了生命全新的感受。

我把这篇文章发送到自己的朋友圈后，许多姑娘都在点赞的同时表达出自己的困惑：这位老奶奶，不，这位女神，她是如何做到的呢？

在那篇文章中，这位 92 岁的女神 Phyllis Sues 说："要懂得感恩并珍惜现在的生活，要不断地学习、运动和倾听。"在文章配图中，她展现出的是一派喜悦欢快和对这个世界的无限好奇，以及些许少女般的羞涩和天真。

诚然，每个人的身体素质和生活情况各有不同，我们没必要盲目地拿自己和别人来做比较，但至少，我们可不可以不要把衰老当作一件多么恐怖的事，可不可以不要当自己想要做一些事情时开口闭口就是"已经太晚了"。

我把这篇文章读给奶奶听，她听完后就起身去忙。当时我还满心的困惑，老太太从衣柜里拿出一件紫红色的运动衫，她问："这个颜色，应该还好吧？"奶奶又补充了一句，"下周我们打算去景忠山游玩，我穿它去，不会太丑吧？"其实我想说，奶奶您选的这个颜色美爆了。

在奶奶拿回家的照片里，她满头银白，眼似弯月，脸上是一团和气，通身是一派优雅，简直美得不像话！

万物有灵且美，但只有人，可以随着岁月的流逝将自己积淀为一种优雅的存在。

其实一直以来我都很想弄明白，到底什么样的女人才是真正的优雅。或许你会在此处举出杨丽萍、奥黛丽·赫本、赵雅芝等女神级别的人物。确实，她们的身上闪现出或优雅高贵或精致妖艳的气质，但她们闪亮得就如同远空的星子，只可远远地观望而不可触碰。

我想要看到的是生活在我们身边的那些年长女性是如何优雅从容地生活的。

在唐山市小动物保护协会组织的几次公益动保活动中，总能看到一位齐肩长发的阿姨过来帮忙。她举止安详，笑容沉静，她说自己非常喜欢喂养小动物，也很喜欢和朋友驾车出游。阿姨说，人得先学会让自己活得舒服自在，只有你愉悦了自己，才能让身边的人感受到你的美好。

这句话和我奶奶经常唠叨的一句话倒颇有异曲同工之妙：女人，得学会让自己开心，让生活变得丰富起来。

是呢，看看我们周围的那些年长女性，举凡是举止优雅、气度安详之人，断不会有公交车上抢座、随意探听别人隐私、到处与人八卦、谈论各种家长里短这样的言行。有时候，真心不是岁月饶过了她们，而是她们本身的生命状态已经跳脱出了时间的掌控。

在我写完这句话时，抬眼正瞧见奶奶对着镜子梳理银白的短发。记得她曾说过，头发乱了，心情就不会太好，随时随地让自己看起来利落些，这是一种美德。

林语堂说，“优雅地老去，也不失为一种美感”，让老去成为一种优雅的力量，让生命中的每一天都过得赏心悦目，这也是对生命的尊重。

第五辑 请一定要善待自己啊！

最美好的季节是春天，最疗愈的时刻则是独自静处时的光阴。日子如流水般逝去再不可追回，而我们要做的就是，在如水的时光里，好好地爱自己，不论是否有人陪伴，是否有人欣赏，我们都要善待自己，做一个内心永存美好的人。

你终将好起来，即便没人安慰你

窗外的雨淅淅沥沥已经下了整整一天。我百无聊赖地歪在沙发里读书，一本薄薄的诗集，竟然读了一周，忘记是谁曾经说过“诗歌就是需要慢慢地读、细细地品，这个阅读过程，快不了”。

说也奇怪，每每我读诗集时，总能想起这句话来，它是那么清晰而深刻地印在我的脑子里，只是说这句话的人，我实在是想不起来了，或者说，是我不敢想起来吧。

话说到这份儿上，想必大家也能猜到，这是一个充满了伤情的故事，而且这故事里的人必定是与诗歌有关。

在若干年前，我曾爱过一个男孩子。他高高瘦瘦，一副文弱模样。虽然明知道两人的结局不会太好，但还是铁了心的要去爱。这种生命的冲动，真是难以把控。原本只是两个人都喜欢同一位诗人才因此结缘，虽然未能牵手长相伴，但最终两人也没有结怨，想来这也是一件幸事吧。

记得初见他时，也是一个飘着雨的天气。初秋的北京在微雨的洗涤下倒添了几分清爽的气息。以前读诗，在说起秋日、说起雨天时，总不免与思乡、惆怅、离别苦等联系起来。可遇到他的那天我倒觉得，北京飘雨的初秋，真是像极了一场关于短暂相逢又相忘于此生的迷梦。这梦境是这样的美，以至于我自己一个人在这场梦中流连了许久，几乎都到了忘却真实人事的地步。原本以为两人会一直走下去，不管世间的风和雨，即便偶有争吵，也能相知到老。但再美好的初心，终究拗不过现实，于是分离成为了必然，于是昔日里的点滴碎片都扎进了我的心中，从此再难将它们拔出来。

在相处的岁月里他曾经说，爱情必定是热烈而短暂的，如果能长久地走下去，那必然是因为我们已经融进了彼此的血肉之中，再不能轻易分离。

我傻呆呆地问他，这得要多久啊？

“这个过程会很慢的，就像读诗一样。”他说这话时，穿着一件紫色衬衫，背靠着书架眼望我，而我站立的位置恰是阴影处，如果他能懂我的目光，那么他一定能预料到这场感情结束时我灵魂的苍白无力和无声无息。

有人说，感情这东西，就不要投入的太多。可当你面对的是自己的真心挚爱时，你又如何能把控感情投入的程度？

在丢失了这段感情之后，我在很长的时间里都在想“完了，这辈子都好不起来了”。虽然这颗心都破裂成碎片，但那时候的我就是倔强地认为，我不需要谁来陪，也不需要有人安慰，该过去的总会过去，生命中的一切，还不都是个过程。

只可惜，我在思想上是个独立洒脱的汉子，但情感上却总是沦陷在往日的美好时光里。

失恋真的是一件很糟糕的事情。尤其是它恰好与失业同时出现在你的生活中时，那么你可能会像我一样对这个世界充满了深深的恐慌。真的，你会有一种“人生再也好不起来”的感觉。这种经历不要太多，只一次，就足以催促着一个人瞬间坚强。

后来，我离开了北京，不过是想选择另一份工作、过另一种生活，当然，也是为了开始另一段感情。其实，用新欢忘记旧爱是一件相当不靠谱且风险指数很高的事情，不过，这是在我工作稳定、一切都好、只差新欢的前提下草率接受了新感情并且又以悲剧告终之后才领悟到的。

心灵上的伤口，只能靠自己来疗愈。如果自己没有在内心里种下疗愈自己的因，又怎么会遇到那些使自己成长起来的缘？就算你觉得世界不会再好了，但还不是要打起精神来将自己的生活继续过完，让自己的人生故事继续上演？因为世界残酷，就可以不爱自己了吗？因为没人安慰没人陪，就真的不打算再让人生好起来了吗？你还记得吧，亦舒说过："做一个女人要做得像一幅画，不要做一件衣裳，被男人试完了又试，却没人买，试残了旧了，五折抛售还有困难。"

话虽然说得犀利尖刻，但就怕犀利尖刻也叫不醒那些不懂爱自己、不懂善待自己的人。日子可以过得平淡无奇，我们的人生也不需要时刻都能出现的奇迹。因为，最美好的时刻便是我们心怀善意地爱着一个人，哪怕这是一场可能看不到美好结局的独角戏。

我想，你也许会说这个世界很无情、很荒凉。为什么自己活得已经很漂亮，却依然遇不到那个所谓的“对的”人？亲爱的，我想对你说，我们活得漂亮，不是为了一定要活给谁看，而是因为无论何时何地，我们都不该亏待自己、放弃自己。活得漂亮无关乎本事，这只是一种对自己负责的生活态度。即便我们得到过美好的爱情又失去，遇到了真心喜欢的人又错过，只要我们坚信“一切总能好起来”，生命中便随处是转机。

衷心希望每一位在爱情中失意、在工作上遇挫、在生活里无助的姑娘，终将能够好起来，即便没有谁能在你最痛心的时刻来安慰你，你也要相信，靠着自己的力量，一切也能够好起来。

一个人，也可以过得很美好

曾听某个朋友说，冬季的双休日特别适合宅在家里，看书，看电影，整理房间，都是不错的选择。而我却更喜欢窝在床上，猫在被窝里看书、看电影。暖和又惬意，就连房间的每个角落里都跳跃着安适的情绪。

我喜欢这样宅在家里。特别是在冬日的午后。

只是这几天看的书比较煞风景，是一本哲学书。从我情人那里拿来的。我说，我要把它啃完。我的情人透过他眼镜的镜片放射出一片惊诧，好像在打量什么珍奇动物一般。

他以为我此生注定不会碰那些看起来很硬很深奥的书，

而事实上我向来也对这类书不感冒。我只是想向他证明，我一个人也可以过得很好。

没错，是一个人。因为我从他那里拿走这本书的那天，正是我们最后一次见面，然后各奔东西。他说，你一个人要保重啊。我说，你放心，我必然不会暴饮暴食，务必会保持现在的体重。

那时我 45 公斤，身高 160 厘米。在一个人生活的这两个月里，我已经些微地胖了起来。

但这并不足以证明我过得很好，因为我只有在心情极差时才会大吃大喝。

尼采说："就算人生是一出悲剧，我们也要有声有色地演这出悲剧，不要失掉了悲剧的壮丽和快慰；就算人生是个梦，我们也要有滋有味地做这个梦，不要失掉了梦的情致和乐趣。"

说实话，那本让人头痛的哲学类读物我根本就没有读下去。只是，尼采的这句话触动了我脆弱的神经。我以为我的人生会是一场喜剧，因为在我 30 岁之前的岁月里，我一直过得很好。学习不差，工作随心，还有一个疼我懂我的伴侣。

我以为日子会这样不慌不忙地幸福下去。我曾对自己的未来自信非常，时常在脑海里勾画出两个人牵着手漫步的场景，也勾画出我升职加薪时的画面。

可惜的是，随着爱情一并逝去的还有我的好运。我不仅胖了而且还病了。因为身体的原因我影响了工作进度，于是这一年便与升职无望了。

或许真的有人能够有声有色地演完人生的悲剧，但那个人肯定不会是我。

在很长的一段时间里，我都觉得我的人生很难再好起来了。确切地说，我是觉得我会一个人孤零零地走下去，而且日子也不会再像以往那样美好而舒服了。

所以，这才是我变得宅起来的真正原因。

五月初夏时节，在我看来是一年中最舒服的时候。如果说冬日的严寒给了我宅在家里的理由，那么初夏时的清新温暖，便给了我走出家门，四处散心的理由。和他分开之后没多久，我便辞了工作，成为了一个自由职业者。有时忙，有时闲，但总归是得感谢身边的朋友们，他们照顾着我的生意。

我开了一家网店，同时也给一些出版社和杂志社写稿子。

现在的生活还可以。我觉得比从前更惬意，只是我的闺蜜来看望我时很诧异，她说她从未见过我的面色如此苍白。“你得好起来啊，你要好好地爱自己啊！”临别时闺蜜抱着我，一再地叮嘱。虽然她的日子过得并不比我好。

我嘴里说着“真啰嗦啊”，可我心里却暖得很，就像在大冬天里喝下了一杯热咖啡。

送走闺蜜，我转身去了家附近的一家小餐馆。我喜欢这里的紫菜包饭。因为它们价格不贵，而且好吃，最重要的是，餐馆老板在眉梢眼角与我的情人有几分相似，就连说话时的习惯表情都一样——微微地把头歪向一边，然后露出一排白牙，虽然说不上好看，却因为这稍许的熟悉而让我略觉心安。

所以这里便成为我经常光顾的地方，慢慢地和餐馆老板也相熟起来，至少我是这样觉得的吧。

“来一份紫菜包饭，还有，一瓶啤酒。嗯，两瓶吧。”其实我很奇怪，为什么和餐馆老板说话时，我的声音总是颤抖的。

“只能卖给你一瓶酒。”餐馆老板一边开啤酒瓶，一边冲着我笑。我觉得我有些不高兴，但又说不出原因是什么。

酒足饭饱后我要付账，他又说："啤酒算我请客，你就出个饭钱吧。"

我连想都没想，就说："那你干脆连这顿饭也一并请了吧。"

"行啊！"他把眼睛从手机上移开，"难得见到你心情好的时候，这顿饭请得很值嘛！"

等等，我困惑了，我一直觉得自己过得很好啊。我脱口而出，餐馆老板听后却不由分说地拉我从座位上起来。这会儿，店内只有我和他，他敢这么做，就是因为店里只有我们两个人。事后，我一直这样想。

他把我拉到店里的一面镜子前。那镜子，有些脏，显然是在墙上挂了许久都没有擦拭过。但这面脏兮兮的镜子依然毫不留情地照射出我的狼狈：枯黄的头发，满脸的疲倦，额头上零零星星地洒着几颗痘痘，衣服宽宽大大，因为我穿的是前任的上衣。

"你看你这个样子，这也能算是过得好？"我差点忘记，那天自己连最简单的妆都没有化。简简单单的一张脸上实在欠缺美感，更重要的是，这毫无血色却又略有肥胖的外形在明晃晃地提醒我：我一个人，过得并不好。

它们戳破了我的谎言，而在很长一段时间里，我都是靠着“我一个人，也可以过得很好”这样的谎言过活的。

我对着镜子发呆，然后慢腾腾地回了家。我想，我之所以会过得不够美好，是因为我的生活还不够十全十美。如果我再找到了新的爱情，再选一份更好的工作，或者再买些漂亮衣服，化上一个或清新或妩媚的妆容，那么这日子就美好了。

我承认我是个完美主义者，我希望自己的人生能十全十美，我也很执拗地认为，十全十美的人生，才真正值得追求。所以我要读更多的书，让自己变得更充实；我也希望我的情人能像我这般努力，虽然他已经很优秀了。让自己变得更完美，这有什么错呢？虽然莫言在《檀香刑》里说过，世界上的事情，最忌讳的，便是十全十美，“那天上的月亮，一旦圆满了，马上就要亏厌；树上的果子，一旦熟透了，马上就要坠落。凡事总要稍留欠缺，才能持恒”，但我依然想，只有完美的生活才是此生最大的追求，也是此生最大的幸福。

我不喜欢残缺的生活。比如，当我终于意识到我一个人过得并不好时，我开始狂热地渴望有个人陪在我身旁。

这个夏季比以往来得早了许多。或许是因为，我在阳台上养了许多花花草草的缘故，我总觉得夏天仿佛是在一夜之间就钻进了我的房间里。整个屋子里热热的，却不闷。每天，我除了忙工作，打理小店，就是侍弄那些花草。这些花草都是卖紫菜包饭的那个家伙送的。那一天我稍微修饰了一下，换了衣服，也梳好了头发，整个人略微显得鲜活了些。我点了一瓶啤酒、一份紫菜包饭，而餐馆老板那天似乎心情也很不错，他送来了两瓶啤酒，他说这是他请我的。我没有道谢，因为他刚说完请客，马上就提出了条件，帮他照顾他家的一些花草。“最近实在有些忙，都疏于打理了呢，你看你看，那些花儿啊草儿啊，都蔫了呢！”

其实我很想说，大哥，您那些花草本来就颜值不够到位好吗？

没办法，吃人家的嘴短。我让他把他的那些宝贝儿们搬来我家，然后一一安置在阳台上。他倒也乖，用了个小三轮把花草们带过来，又上楼下楼、上楼下楼，把花草们搬到我家阳台上来。幸亏我家住二层。然而他还是累得满头大汗，在我转头问他这些花草该如何照顾时，我看到他用手抹了一把脸上的汗。

这个动作竟然让我想到，这开餐馆的小哥也是一个人，可为什么他就能过得有滋有味呢？我很恶毒地猜想，他必然是没有经受过情感变故的摧残；然后，我更恶毒地想，说不定他都没有经历过情感生活呢。

“你看，养花种草日常指南都在这里了。”他扬起手中的一个小本子，我打开一看，哟呵，字还很娟秀呢！

“记得，要定时拍图给我看，我要监督你。”说着他扬了一下手中的手机，就在刚才，我们加了微信。

我不耐烦起来：“好了好了，记得呢，你赶紧走吧，我要洗衣服了。”

古语有言，人非草木，孰能无情。但我很想说，即便每天面对的是一堆花草，日子久了，也一样能产生感情。不知为何，我一直有种错觉，这花草比刚送来的时候，长得好看多了。

也或许是因为，朋友们来我家玩儿的次数多了，这些花草们收到影响，感觉到了生命的美好，也开始朝着生机勃勃的方向生长了。

现在我除了写稿子，还开始玩摄影，偶尔也能拍出不错的图，在修修改改之后也能散见于一些报刊了。还有我的那个网店，原本是出售一些自己制作的小工艺品、小饰品，也没打算指望这个挣钱，只当是个乐子。但最近不知为何，刚挂上图片，就有顾客询问：美女，这个款式的发簪能订做吗？钱不是问题！

昨天，闺蜜带着好吃的又来看我。她睁大双眼一直说："你怎么瘦了呢？"是啊，我瘦了，那是因为我每天要早早起来侍弄花草，然后觉得在家里有些闷，干脆就下楼散步，偶尔也绕着居民楼跑上几圈。

和我前任在一起时，我竟然从来没有享受过在清晨跑步的快乐！因为那时我起来之后，要忙着做早点。他说他不会做饭，而且不愿早早地起床。那时我还要照顾他的口味，自己喜欢的食物要么在外面吃，要么就将肚子里的馋虫扼杀掉。

但是自从我一个人住之后，我已忘记了是从哪天起，我开始可以肆无忌惮地吃自己喜欢的东西了，即便早早起床，也可以按照自己的心意安排早餐。然后，在某一次参加友人婚礼时，我在出门前对着镜子照啊照，发现即便不涂胭脂，脸颊上也有了一些玫瑰色。

那面镜子正对着阳台上的花草，对着窗外的蓝天。但我却觉得，它比不上卖紫菜包饭那哥们儿餐馆里的那面又小又脏且破的镜子。

就是那么一面破镜子，戳穿了我一直以来蒙骗自己的谎言。

我是不是应该给那面镜子颁个奖呢？

然后，我还要给阳台上的花草们颁奖，因为每天我在侍弄它们时，都能看到一些算不上特别好看的叶片以及打了蔫儿的花朵。不知为什么，我觉得它们这样很美。因为，这大概就是生命本然的姿态吧。打蔫儿了，就说明累了，就应该休息了。花无百日红，你总得留给它们开败了、长残了之后再努力盛放的机会吧。

那么，同样的，人的生活也是这样。

谁说一定要百分之百地完美才好呢？我有狼狈的时候，那就承认那狼狈，但谁也没有剥夺我在狼狈之后再次美丽起来的机会啊！

从前，我很宅，因为我自卑，我怕见到人，我最害怕也最痛恨遇到熟人时会被问道：“你们家那位呢？”

他走了，我们分手了，我不敢这么对别人说。因为我觉得我一个人再也好不起来了。

然而，我还是好起来了。虽然在这之前我有过很长一段煎熬又苦痛的日子。那是一个人抱着被子和枕头“呜呜呜”地哭一整晚都不觉过瘾的日子。但我想，我从此以后，大概不会再有这样狼狈的岁月了吧。

我习惯了一个人生活，不觉得特别寂寞，但也不拒绝再有一个人进入到我的生命中。我会笑着迎接他，对他说：“嗨，欢迎你来到我的世界。”当他决定离去时，我也会笑着说，“不论以后我是否在你身边，你都要保重自己。”

一个人的生活，并不是特别可怕，这倒不是因为我将自己埋在一堆事情里来麻痹自己。当我们有朋友，有自己的兴趣爱好，有坦然面对伤痛和孤独的心境时，不论是一个人，还是已经有了另一个人，我们便都不会觉得内心慌乱，生活荒凉。

记得卖紫菜包饭的那位仁兄说，一个人也能把日子过得很美好，但这也是有前提的，你得真正地意识到自己一个人能够把自己照顾好，能够把日子打理好，不然的话，那就是自欺欺人了；而且，欺人尚可理解，自欺就太不应该了。

现在，我在想着，尼采所谓的即便人生是一出悲剧，我们也要有声有色地演好，或许就是这个意思吧：不论是单身还是有伴，是事业有成还是屌丝一个，生活中是充满了幸福还是充斥着苦痛，我们其实都可以安排好自己的生活。世上没有人愿意让自己的生命变成一幕悲剧，即便在美学家和哲学家们看来悲剧是壮丽乃至崇高的；就大多数人而言，还是更希望自己的生命能够有滋有味地度过。即便生活只是一个梦，我们也要带着情致，带着乐趣，好好地梦一场，然后，热气腾腾地生活。

日子慢一点，阳光暖一些

小美在小城里开了一家奶茶店。这是她的人生中第一次自己做主拍板决定的事情，而在这之前，她的生活主要是由父母来操心打理。尽管能够体谅父母的良苦用心，但小美在这衣食无缺的生活中还是隐约地感觉到，有什么东西一直是自己魂牵梦萦的，而有些东西，则是自己必须要得到的。

开一家小小奶茶店的想法，小美一直就有。去年秋季，小美的某个同学在同一座城市的某个角落里开了家咖啡屋。这个同学很诚恳地邀请昔日姐妹们来咖啡屋里小聚，叙叙姐妹情谊，顺便也希望大家能给提些中肯的建议。可是这帮姑娘们来到咖啡屋后只是对着室内的装修风格品头论足，要么就是互相探听私事。只有小美很认真地把咖啡屋里的每一个角落都看过，然后又仔细地研究了一下店里的特色饮品。她很真诚地给这个同学写下了一些建议，还说起自己一直以来的梦想就是开一间花店或者奶茶店。原本是想着，诚心换诚心，希望老同学能给自己一些鼓励或者建议，可这个老同学却淡淡地说：“奶茶店啊？那应该挣不了多少钱吧？要做，就得做大些，要不你和我来合营这家咖啡屋吧，十万加股，怎么样？”

十万元，虽然不算特别多，但对于才刚工作一年多的小美来说，该从哪里凑来这笔钱呢？何况她刚刚鼓起的勇气竟被老同学的三两句话就浇灭了。一面是对自己梦想中生活的向往，一面是对现实生活的恐惧，不仅是资金的问题，还得要过她父母的这一关。那一天，小美脑子里乱成一团，她也很想控制住自己，停下那如脱缰野马一般的心思。但在回家的路上，她刚好经过一家甜品店。看到那粉红色的店面，小美舔了一下嘴唇：她只是很想找个地方坐一会儿，权当是为了平复情绪，顺便安抚一下自己那被饥饿充斥着的肚子。

找了个阳光充足的位置坐定，小美开始打量这家小小的甜品店。店内的布置以明快温暖的色彩为主，比如粉色和橙色，恰好这两种颜色是小美非常喜欢的。“如果有了自己的奶茶店，它应该也是充满阳光，从里到外到散发着粉色和橙色的亮光吧。”小美歪着头，看着窗外这样想着，全然没有注意到有人站在她身旁。可奇怪的是，来到小美身边的那姑娘应该是甜品店里的服务人员，但她并没有催小美点单，而是静静地等着发呆的小美。

待小美回过神来，她露出一个抱歉的笑容，而她面前的姑娘则回以理解般的笑容。点完自己喜欢的甜点后，小美又埋头做起了辞职创业的美梦。“唉，如果不说服父母，不筹到资金，多好的梦想那也只能是空想。”小美心事重重地摆弄着手机。甜点端上来后，服务员姑娘坐在小美对面，她看着有些不知所措的小美说：“你有心事啊？”

被对方这么一问，小美心生几分警惕。

“我是这家店的老板。”姑娘笑盈盈地看着小美，目光坦诚但也直接。

这反而让小美不好意思起来。“干脆，豁出去了。”许是因为刚刚在昔日同窗那里受了憋闷气，小美就将自己的想法如此这般地讲出来。这些沉在心底许久的想法，就像晾晒在阳光下的衣物，在风中飘啊飘的，散发着怎么洗也洗不去的气味。

小美觉得，人这一辈子还是应该保有一些梦想，因为可以朝着这个方向努力。但同时她也知道，如果不能彻底消灭一直以来盘旋在心头的恐惧，她的梦想注定无法实现。

如果不能过上自己喜欢的生活，不能实现自己一直以来的梦想，那这人生还有什么乐趣可言呢？小美吃完最后一块甜点后发着牢骚。

甜品店里的那些可爱挂饰，那粉色的桌椅和橙色的墙壁，似乎都听到了小美的牢骚呢。因为小美觉得，有那么一个瞬间，这些温馨可爱的颜色忽然就黯淡下去了，就连甜品店老板那张光洁白皙的面庞，也那般黯淡下去了。她一言不发地低头思索着什么，有时还拧紧了眉头。小美连说两声“结账”，都没能把她唤回到现实世界中来。

小美想，干脆把钱放到她面前就走掉吧，总不能就这样坐一下午吧，难得有个休息时间，难道就要在发呆中打发掉吗？

“喏，钱放在这里了，我还有事，先走了啊。”小美说完，心里多少有些后悔，她后悔自己不管不顾地说了那么多心事，把自己的坏情绪传递给别人。

“明天，你一定要再来店里找我啊。”店老板冲着茫然无措的小美补充道，“我只是想告诉你，我开这家店的故事。”

原来是这样啊。小美算是彻底打消了心头的疑云。尽管明天不再是休息日，但小美还是打算在下班之后来甜品店一趟。

她想着，说不定能学到一些开店的经验呢。想到这里，小美心里就涌起一阵兴奋，甚至在她迈出甜品店门时，都觉得下午的阳光比平日里更暖了些。

“啊？就是这样子啊。”小美对内心的失望根本就毫无遮掩的本事。

或许，她压根儿就没想着要隐藏其内心的失望吧。

小美还琢磨着，能在这个和气友善的店老板那里讨来什么人生经验呢，结果店老板只是说，她最初和小美的状态一样，心中有想法但一直不敢去做，后来才突然想到，其实所谓的恐惧，从来就根源于自己的幻想。

“别把幻想出的恐惧当真，你就能放开胆量去做自己喜欢的事情了。”虽然店老板说这些话时眼神诚恳，但小美还是失望了。因为这不是她期待的内容。

“可我就是很想很想做自己喜欢的事情，正因为喜欢，正因为在意，所以才会想的多，所以才会心生恐惧。”小美的眼神里除了失望还有焦虑。这焦虑和失望一样，掩饰不住地流淌出来。

甜品店的美女老板轻轻摇头，然后又叹息：“生活的步伐，还是应该慢一点儿，这样才能有足够的时间让阳光暖透身子。”

小美盯着店里的一个挂件发呆，看样子，店老板的最后一句话是说进了她的心坎儿里。她不时地显露出微笑，似乎已经看到了自己的梦想开花结果，并且尝到了这果实的滋味；但很快地，她的脸上又笼罩起一层云雾，皱紧了的眉头似乎出卖了她心底最不愿承认的事实：最初的那个愿望，根本实现不了！

日子在一天天地过去。小美愈发地厌恶眼前的生活了。朝九晚五的固定模式已经毫无新鲜感，而她对开奶茶店的渴望却愈发的炽烈。这就仿佛是被某种欲望烧灼了心，每天都坐立不安，然而，每当她打算把内心的想法说给父母时，又觉得被什么东西给噎住了一般。

在经历过食物减退、失眠乏力、心情抑郁等痛苦之后，小美还是把心里的想法说了出来。那天她说话时根本都没有底气，她知道父母肯定不会同意她开奶茶店的想法，她也断定，搞不好还会招来父母的痛骂。但出乎小美意料的是，妈妈只是在纸上算着，开一家奶茶店要投入多少资金，又要过多长时间才能收回成本，而爸爸只是问了“你真的下决心了吗”“开店的资金，打算怎么筹集”“万一开店赔本了，以后有什么打算”等现实性颇强的问题。

面对这些，小美决定举起小白旗，就此收起那荒唐可笑的小心思了。

但峰回路转的是，小美的妈妈偏就喜欢和自己的老伴儿对着干。她听出老头子话里的不愿意，于是，她一只大手拍在桌子上说：“闺女，妈可以帮你出一部分钱。”还没等小美爸爸提出反对意见，她便用另一只大手从口袋里摸出了一串钥匙。“咱家钱柜子的钥匙就在这里呢，你决定好了就告诉妈。”两只粗壮的大手在小美爸爸的面前晃啊晃，那令人望而生畏的画面，成为小美爸爸心头的阴影。

虽然实现梦想算是初有眉目，但梦想的实现过程却并不顺利。首先就是小美妈妈反反复复的态度以及小美爸爸坚决不支持的决绝，——然而，正因为小美爸爸强烈反对，才使得与他唱了半辈子对台戏的老婆坚定了支持小美创业的决心。

在忐忑不安和兴奋激动这两种心情的交替轮转中，日子在缓慢地流过。

找店面、选店址、确定装修风格以及店铺名称，还要面对亲戚朋友、街坊邻居的疑问、嘲笑甚至敌意。在辞职时，小美的单位还引发了不小的骚动——小美原本是想和同事们打声招呼，但有些人把小美的善意误解为是对自己的嘲讽以及回复“自由身”之后的炫耀，于是平素就极少说笑的那些人们就更显冷淡了。杨大姐实在看不过去，就带头说：“咱们哪天聚餐送送小美吧，大家同意不？”

杨大姐以为，她在办公室里算是个“前辈”了，响应的人应该会有几个。谁知只有那么几束稀稀落落的目光在她焦黄的脸上一扫而过。杨大姐于是就不满意了。她怒了。紧接着就是她絮絮叨叨发泄不满的声音。

走到单位的大门前，门卫大爷和气地一笑，给小美打开了那扇早已布满锈迹的大门。

再也没有回头路了。

但小美却由衷地感觉到了轻松自在。她一路小跑着来到了甜品店，然后兴高采烈地点了很多好吃的。

“姑娘，难道你傻吗？好东西要一口一口地吃，日子也要慢慢地过，你点了这么一堆，小心浪费哟。”尽管和小美见面次数不多，但店老板的调侃可是日渐升级。

小美看着端到面前的双色巧克力两眼直放光。“嗯嗯，就那样吧。其实你说得对！日子要慢慢过，事情得一步步地来。”小美大口大口地吃着。她今天的胃口很好，兴致也高。

“那，你现在还恐惧吗？还绝望吗？还会觉得生活乏味、生命苍白吗？”

“哎呀，你哪来的这么多话啊！就不能让我先吃点儿东西吗？”小美嘴上不耐烦，其实她面对店老板的这些问题还是很心虚。

反正也没退路了，恐惧有用吗？绝望有用吗？只要去做，就应该会有所收获的吧？

阳光透过窗子，落在小美面前的桌子上，也落在小美的头上、身上。她喜欢这种暖洋洋的感觉，这让她觉得心里踏实。

那天，甜品店的生意格外地好。小美见店老板在独自忙碌，便也不好一直打扰，于是就掏出手机刷微信。她看到五分钟前，店老板在朋友圈里发的一条动态：

人如果太精明、太胆小，那是做不成事情的，他们不再把梦想作为生活的动力，而且还嘲笑心有梦想、不断实践的人。我们心里的恐惧和绝望，才是最大的敌人。但也正因为它们的存在，才让我们能够保持着一种警觉，同时，在梦想成为现实后，我们才更有资格与人分享自己的梦想。

就是呢！日子再慢些，阳光再暖些，朝着自己的既定目标走下去，恐惧也就不再会成为人生中的拦路虎了。

小美想着，她总能把自己的奶茶店开起来的，而自己也终会变得自信而阳光。

和自己喜欢的事物在一起，做着自己喜欢的事情，这本身就会增强人的能量。

小美在甜品店老板的那条动态下面如是回复道。

愿你此心光明，向暖而生

二哥家中养了一条黄不溜秋的小狗。这是他在下班回家的途中从路边捡来的，更确切地说，二哥只是停下了急匆匆的脚步，从背包里拿出中午吃剩的零食喂给那条小黄狗，于是它就在这微小的温暖中认定了自己的主人。

它就那样坚定地跟随着二哥，一直到二哥再次停下脚步，然后把它轻轻地抱在怀里。后来二哥说，他看到那小家伙把皮包骨头的小脑袋靠在自己的肩膀上，他便决定要养活它一辈子。但是二哥又说，等他把它抱回家之后，仔仔细细地将它打量一番之后，又有些后悔了。

这狗不仅脏、瘦、丑，而且脚爪子上还有伤。对于从来没有喂养过小动物的二哥来说，如何安置这条小狗，成了当晚的一大难题，许是小狗累坏了吧，它在客厅随便找了个地方就呼呼大睡，看得二哥也直犯困。洗澡更衣之后，二哥回到卧室，在微信朋友圈里发了一条“晚上捡到一条浅黄色的小狗，谁要？请联系我！”的留言后就睡过去了。

第二天是周六，二哥在睡饱了一个懒觉之后起床下地找东西吃。他打开卧室房间的门时，被门口横着的一团黄色吓了一跳。他才想起来，昨天晚上他捡回来一条黄色小狗，脚上带伤，浑身肮脏。

怎么办？就算是要送人，也得先把它捯饬一番吧，不然谁会领养它？

小区附近就有宠物医院。二哥带着一些零钱和一张银行卡，用一条旧毛巾将小狗包裹好，兴冲冲地就奔向了那家“宠爱医院”。还好，人不是很多，动物也不多，只有两只做完绝育手术的猫尚在观察期中，它们被分别关在两个猫笼里，一只白色土猫在打盹，一只银色虎斑则好奇地看着周围的一切。

兽医小张在给小黄狗检查伤口之后说："这伤口没啥大碍，就是擦伤了。还好它遇到了你，这样的流浪狗在这附近还有很多，它真是个幸运儿！"二哥摸着小黄狗的脑袋轻轻一笑，或许就是因为小张的这些话，让他收起了之前的犹豫，掏出手机把发的那条领养小狗的消息给删除了。他决定给这位闯进自己生活的小伙伴起个新名字，思来想去没个主意，干脆就叫"小二"，又土又自带喜感，尤其是和二哥的姓氏合在一起的时候。"朱小二"正式在二哥的房子里有了自己的一席之地，虽然那只是一个用旧纸盒做成的狗窝，里面铺了两层旧毛巾。

头一次养狗，二哥摸不清章法，不是把狗喂撑，围着二哥嗷嗷叫，就是一不留神没看住，让狗逮着空子咬烂了一只拖鞋。两周之后，小二越发地活泼了，它脚上的伤口愈合得很快，二哥又给它推毛洗澡，现在和之前真是"判若两狗"了。

按说有了新的小伙伴，二哥应该比之前开心了吧。可是不知怎么的，这狗并没有给二哥带来足够的幸运，反而让二哥接连地遭遇到一系列麻烦。因为小二晚上总喜欢叫，结果惹恼了邻居，邻居大妈每次看到二哥带着狗散步，总会丢下一个白眼之后扭着脸走开。家里多了"一口人"之后，二哥上班时的心思就很难集中了，他经常会停下手里的工作，出神地想小二在家该是个什么状况。他担心小二吃不好，又怕小二贪玩，把家里的什么东西给弄坏了。在一次开会时，二哥又开始惦记起小二来，他那失神的状态被领导看到眼里，领导很是生气，当时就说了几句狠话。

回到家后，二哥因为上火连晚饭都没吃，但看到小二欢天喜地、满脸天真的深情，又咧开嘴笑了。可是，多了一只狗，就等于多了日常开销啊，还得交房租水电网费，工资却还是那么一点儿。二哥再一次彷徨了，但他考虑了几分钟之后就打开电脑，开始找兼职信息。其实他都想好了，如果没有合适的兼职，他就在网上发布维修电脑、手机的消息，毕竟这个还是自己的强项呢！

“我要给小二赚奶粉钱了！”晚上十一点半，二哥在朋友圈上发了这么一条动态，同时还写了自己的业务范围和联系方式，结果第二天就有个女孩子打来电话。“我在老同学的朋友圈里看到他转发了你维修电脑的信息，很冒昧地打给你，是因为我确实很着急……”可惜时机不对，这姑娘打电话时，二哥还在办公室里挥汗如雨地忙碌着，只得约好下午五点之后再联系。姑娘带着笔记本来找二哥，二哥果真是爽快利索人，三下两下就解决了问题。姑娘问多少钱。二哥说，看着给。姑娘一边掏钱一边说，晚上我请你吃饭吧。二哥正犹豫着，其实他是担心小二，就听姑娘说："之前我老同学说你捡来一条小狗，是不是在找人领养？"

二哥点点头，但马上又拼命摇头，那脑袋晃得如拨浪鼓一般："不了，还是我来养它吧，这样我安心。"末了，二哥也没有和姑娘去吃饭，只是在姑娘回家之后发了信息："下周我请你吃火锅吧。"姑娘发过来一个笑脸外加一个 OK，二哥看了半天，也没舍得删了这条回复。

以前经常听人说，当上帝给你关上一扇门时，他必定为你开了一扇窗。对于二哥来说，尽管他每天要看到邻居大妈的白眼，忍受着高强度低薪水的工作以及小二在晚间不时发出的阵阵嘶嚎，但他终归是有了自己喜欢的人也有了喜欢自己的人，虽然他那修手机电脑的兼职还是一如既往的乏人问津。

后来，姑娘搬到了二哥家，他们两个一起喂养小二。开始小二总是一副羞答答的表情，慢慢地它发现，这个长发细腰的新主人比二哥对自己还要宠溺。

虽然和姑娘的感情很稳定，可是二哥的心情并不好，因为他是单位里的新人，经常处于被打压的地位。这天二哥的一个方案被领导否决后又吃了几个闷亏，他满脸阴沉地回到家后连饭都没吃就躺下了。

姑娘没劝他什么，二哥也不是那种把战胜困难、勇敢生活的希望全部寄托在外界力量上的人，他经常对旁人说："其实让自己的内心强大起来，比一味地向外界寻求帮助要靠谱得多！像那种动辄就求安慰的人，其实就是给自己的软弱找借口罢了。"

这就跟莲花生大士说的那样，"一味向身外寻求自我的人，怎会找到自己？好比一个笨人，进到人群中，便受到外境所惑，而忘失了自己，一旦忘失自我，便四处乱寻，不断误将他人当作自己。"用二哥的话来说，那些到处求安慰的人，就好比是那个忘失了自我内心力量的笨人。

姑娘对二哥说，如果实在不开心，就换个工作吧，有技术和能力在身，到哪儿还不吃上一口清净饭？

二哥搂着姑娘的肩，给她讲起大音乐家海顿的故事。据说海顿不仅极具音乐天赋，而且天生一副好歌喉，但在一次教堂唱诗班的合唱表演时，他由于失误，发出了沙哑的歌声。这引来了奥地利女皇的讥讽，"听你的声音多像树梢上的乌鸦在叫啊！”事后，海顿被唱诗班解雇，而他只能流落街头。在海顿最困顿窘迫的时候，他做过仆从、看门人、邮差，甚至还帮人擦皮鞋。但是，海顿并没有丧失生活的勇气，而这些困顿和不幸也没有动摇他对音乐的追求。之后，他投身于街头演奏和家庭音乐会，在长达十年的流浪生活中，海顿经受了无数的嘲讽和白眼，可最终他还是成功了。

姑娘在二哥的“教导”中沉沉睡去，其实二哥的这些话也只是自己给自己打气罢了。在这之前，二哥也跌倒过，而且跌得很重，但他却觉得，在无数次跌倒之后自己反而站起来得更快了。

这个世界就是如此，人们关注的不是你声嘶力竭的哭喊声，而是你跌倒之后如何再次站起来。与其抱怨世界的冷酷，倒不如怀着满心光明，向着温暖而生。

大道理说得再多，日子也得一步一步地过。

二哥还是如往常一样，清早起床去上班，傍晚回来楼下遛狗，晚上看书看电影陪女朋友，双休日兼职维修电脑手机。小二现在比之前胖了许多，原本荒草一般的被毛开始有了光泽，双眼也比之前多了一些神采。

转眼过去了大半年，二哥准备趁放假时带姑娘回老家见父母。临行前的中午，朋友们提议去火锅城聚餐，席间，二哥拥着姑娘，开心得不得了。他想起自己曾经被前女友骗过钱、在前上司手里吃过亏、被旧日兄弟忽悠得进了传销组织还差点儿搭上命，后来日子刚刚好过了些却又遭逢其他变故，好几次身陷险境，简直是困难缠身。可即便是自己遭遇苦难的折磨，被逆境重重包围时，他都没有怀疑自己的人生，更没有以满心戾气去面对世人。每一次苦难，都是人生的一种收获，每一次跌倒，自己都还能爬起来。二哥经常说，惟有跌倒与磨难，才是对青春的最好祝福，但他也说，其实没谁喜欢跌倒的滋味，但也正是之前的经历，让他加倍地善待生命、珍惜感情，努力让每一天都过得充实起来。

在这个世上，总有那么一些人用自己的方式告诉其他人、告诉整个世界：我要怀着满心的温暖和光明，做世间最平凡的天使，去帮助更多的生命。但是反观一些人，他们自己无法战胜困难，在跌倒之后不仅甘于沉沦、不思改变，而且还对那些经受困难的人投去冷眼，更对那些与苦难不懈斗争的人冷嘲热讽。

所以，当你跌倒了，摔疼了，眼泪不住地滚落下来，也不要怨恨，不要恼火，不要灰心。你当明白，这个世界从来不会为一蹶不振的失败者流下悲情的泪水，却会为心怀光明、向暖而生的人响起热烈的掌声。

其实，我们可以活得再慢一些

不知是从什么时候开始，我们一点点地将自己的注意力从内心转换到外部。原本清简从容的日子，也在自己的虚荣心和各种欲望的逼迫下换作了另一个模样。住，必定是朝着宽敞阔气的房子看齐；行，必然是渴望着能拥有一辆奢华香车，最好自己所到之处皆能引得他人惊呼；我们渴望着能吃得花样翻新，或是在衣着光鲜的道路上卖命地追逐。我们为了满足这些虚妄的欲望，气喘吁吁地奔跑在人生的轨道上。

我们都对自己的未来充满了憧憬，但憧憬过多，有时候也会成为生命的负累。憧憬有多诱人，负累便有多折磨人。

当某一天，我们疲了累了倦了，一边叹息着“素心不易，清简更难”，一边又不肯放松对欲望的攀附。所有的人都习惯了快跑前进，于是，当一个人真正能适时地停下来、静下来、与自己的心灵聊聊天时，反而会被周围的人嘲笑一番。

当一个身心焦灼、疲惫不堪的朋友向我倾倒苦水时，我反问：“既然累了，为何不停下来歇一歇呢？”

朋友苦笑：“我早已经不知道如何停下匆忙的脚步了。”

看来，我这个朋友说得对，我们都活在一个与“慢”无缘的世界里。

我的朋友许小哈，开了一间尊重生活和梦想且无用主义至上的杂货铺，其中有一项业务就是“慢递服务”。偶尔能见到一些青涩俊秀的面孔出现在杂货铺里，细细地咨询慢递服务的费用问题。

慢递与邮局的普通信件投递本无区别，惟一不同的是，慢递业务的投递时间是由寄信人自己来决定的，而小哈的做派也确实很对得起这项业务的名字。她慢慢地把顾客拿来的物品——通常是一本书或是纪念相册、手写长信之类的——仔细打包。当然，并不是所有的慢递物品都能及时打包，因为打包用的牛皮纸，每天都是有定量的。有一天我在杂货铺里制作手串，回头找材料时看到慢递信箱上放着两本书，本以为是小哈一时粗心放在这里的，问后才知，这是一个姑娘准备慢递出去的物品。

“喂，你怎么没给它们打包呢？”

小哈慢悠悠地说：“没有牛皮纸了哦。”

“那什么时候给人家打包啊？”

她不紧不慢地做着手工饰品说：“等牛皮纸到货了再说啊。”

选择慢递服务的客户里，有即将迈进结婚礼堂的准新娘，写给三年后自己的结婚对象，告诉他自己为何会做出现在的选择；有不得不与伴侣分手的男生，他决定在五年后要寄出的手写信中倾诉自己此时的无奈……我问过许多办理慢递业务的顾客，大家的回答虽各式各样，可他们表达的却是同一个意思：适时地停下来，至少得弄明白自己心里想的到底是什么。

确实，我们可以活得再慢一些。至少，在大家都拼命向前奔跑的时候，我们得弄明白，自己想要的到底是什么。

停下来，与自己简单地聊一聊，心念就会明朗不少，人生目标也会明确不少。网上有句名言流传甚广：如果你知道自己要去哪儿，全世界都会为你让路。可如果不适时地停下来，问问自己到底想去哪儿，那么即便全世界无人阻挡，自己的脚步中依然满带着迷茫。

前不久，某位师兄刚从普洱太阳河国家森林公园禅修回来。我们一众人等提前获知他的返程时间便提议给师兄接风洗尘。师兄却说，不忙，不忙，我想自己先呆会儿。朋友们半是玩笑半是埋怨，都说师兄禅修之后倒真成了世外高人了，连老朋友都不想见了。对此，师兄没做任何回应，我在心里却开始对他嗔怪起来。

几日后，师兄约我们三五个人来他的茶室小聚。说也奇怪，茶室还是以前的茶室，茶具还是原先的茶具，就连茶叶都是旧年的了，可我们饮的这茶却与往日里饮的大不相同，可又说不出这妙处究竟在哪里。

师兄一边啜着旧日茶，一边讲起他短期禅修时的见闻感受："在那些天里，我们关了手机，也极少说话，更不会高声攀谈。每个人都是静静的，日子就如木心笔下写的那样，过得很慢很慢。我们失去了热闹，失去了速度，但却在这种看似闭塞的地方真正地找到了自己。”

这个师兄并不是什么信徒，也没有经营超大规模的企业。他顺风顺水地做了几年生意之后便想收手转而从事自己真心喜欢的工作，可他身边有许多声音都在和他对抗着。有人说他傻，有人说他不懂经商之道，有人取笑他疯癫。在这些人看来，赚钱不能停，谁停谁就是智商有问题。可如果问他们赚钱的真正意义是什么，他们又说不出来。师兄说，人就应该活得慢一些，该停的时候就要停。“停下来问问自己，到底想要的是什么，到底想去的是哪里。想清楚了那才叫生活，没想明白时，只能算是盲目又疾速地活着。”虽然师兄从不佩戴什么文玩手串，可说出的话却字字直击人心、句句予人深思。

想起师兄的茶室里挂着的那幅字，洁白的宣纸上深深地印着一个“慢”。这幅字就在茶室的墙上高高地悬着，字的下面是一个鱼缸，鱼缸里有几尾翩然游动的金鱼，它们游得自在惬意、既缓且慢，令人看了不禁心生欢喜。

越是当大家都习惯了“快”的时候，我们越是要让自己慢下来、停下来、静下来。不知你是否像我一样，习惯在每天开始做事之前先慢慢地、静静地自己呆一会儿，将自己的身心投放在无限的沉静中，仿佛当下一刻的万事万物，都先天地具有了悠长高远的意境。在这样停下来静一会儿之后，反而会觉得头脑更清晰了，就连身心都轻松不少。

素心不易，清简更难。有些时候，虽然我们的生活还算安好，但我们就是会觉得自己的世界里似乎缺少点儿什么，比如安静从容的心性，比如在匆忙尘世里适时放慢前行速度的决心。或许当一阵花香随着清风飘落至我们心头时，我们会恍然领悟到过往岁月里的花落花开都在当下的这一刻呈现在我们面前。确实，我们可以活得再慢一些，以一种静定平和的姿态，缓慢地前行，清醒地生活，然后停下来与自己的内心说说话。

在简单的时刻看到幸福

在写下这些文字时，正值春阳高照。我欣喜地享受着眼前的春色，身边却有许多朋友在倦怠、焦虑和烦恼中辛苦度日。可能，在大多数人看来，生命的意义就在于劳作，不停歇地劳作，因为我们必须要在做一些事情中找到自己存在的价值。可是，生命本不该如此沉重，它应该是在劳作的同时也享受劳作，在简单的时刻也能看到幸福。

曾经，我同大多数人一样，为了让自己的生活充实起来，填满那看似空虚的光阴，就加速地工作、学习，刻意地让生活变得有趣。我以为让自己忙碌起来，就不会觉得倦怠，就能感受到生命的美好和充实。但遗憾的是，人毕竟不是上了发条的钟表，人总会在盲目地忙碌与劳作中愈发地感到生命的空虚。

于是，我们开始渴盼自己能够获得一种能力，能够使生命变得充实、丰富、有意义。有些人因此而选择皈依了某一宗教，有些人则是在放诞恣肆中洒脱度日。我们以为能够将生命过得轰轰烈烈便是一种奇迹，可其实，所谓的奇迹却再平实简单不过，就如同在大地上行走一般。

“奇迹，就是在大地上行走。”一行禅师如是言。那么，我可不可以说，奇迹，就是在生活的琐碎处洞见生命的意义，在简单的时刻里揽尽幸福的光芒？罗曼·罗兰说：“世界上只有一种英雄主义，就是看清生活的真相之后依然热爱生活。”生活的真相是什么？生活的真相就是，我们本该坚韧安稳地行走在大地上，但我们却羡慕起远天的飞鸟。我们从来没有好好地感受过安稳行走的幸福，就把心放任到了远方和别处。虽然生活中并不只是有种种琐碎和麻烦，也有诗歌和远方，但谁能说，琐碎之处就一定没有诗意呢？能在细节中把日子过成一首诗，在简单的时刻享受幸福，这样的生命，才是真正值得歌颂、值得赞美的生命。

比如，每一个被闹铃吵醒好梦的时刻、每一个与恋人执手相别离的时刻、每一次离开故乡走向远方的时刻，我们心怀着郁闷甚至是忧伤，但同时也开始了对生命中另一个时刻的憧憬。英国女作家伍尔芙说过："人不应该是插在花瓶里供人观赏的静物，而是蔓延在草原上随风起舞的韵律。生命不是安排，而是追求。人生的意义也许永远没有答案，但也要尽情感受这种没有答案的人生。"可是我想说，对于每个人而言，人生的意义固然不同，但即便它再怎么千差万别，也终归是有意义的存在，而这种意义，只有那些靠心生活的人才能感受得到。

身边一位旧日同窗，爱上了一个小她十岁的男生。以世俗的标准来衡量，这个男生的物质条件并不优裕，外貌也很是平平。有人问她："你到底图什么呢？"她说，我就图我开心。又有人递过来闲言："你们俩差了十岁，就不怕他以后把你给甩了？到时候你人老珠黄，哭都来不及！"她又说："以后的事情谁能预料？当下的幸福才是真实的。"她要的幸福也很简单，一顿小火锅、一顿麻辣烫、两人牵手压马路，偶尔也会因为生活琐事拌嘴，在气得冒火时却互相咧嘴一笑，又开始聊起刚认识时的各种糗事。在他们两人相处的时候，也有些“热心肠”给姑娘介绍条件好的小伙子。对此，姑娘感到很恼火，但后来一想，自己过得既简单又幸福，于是就默默地在右手中指上戴了一枚银戒。一次聚餐时我多嘴地问：“你现在真的幸福吗？和他租住着一套一居室的旧房。”她一边大口嚼着青菜，一边傻乎乎地笑了，灯光打在那枚细细的戒指上，而这一切已经对我刚才的疑问做出了最好的回答。

还记得七八年前，大家都在玩命地复习准备考研，也有些同学靠着家庭关系近水楼台先进了事业单位。我的这位同学倒是痛快淋漓地出去玩了一大圈。其他同学问，难道你就不为未来焦虑吗？她却说，安排好眼下的生活就是了，为什么要让自己的身心悬在未来？那时候，她经常对我说：“生活需要安排，但它不需要刻意地安排。”我还在心里嘀咕着她的故作深沉，可是而今想到她当时以及现在做的那些事，我便越来越发觉，这个姑娘是真正懂得生活的那类人。她活得很简单，也很乐呵，虽然她要的幸福在许多人看来是那么地微不足道，但我们生命的意义，不就是在一个个看似毫不起眼、微不足道的幸福中彰显出来的吗？

我曾见过年轻妈妈将新生儿抱在怀里时流下的泪水，也见过得了满分的小姑娘欢呼着奔向父亲的怀抱；我见过落日余晖下的一对老夫妇，互相搀扶着从远处慢慢走来，也见过求婚成功的小伙儿将恋人高高举起的同时脸上绽开了胜利的笑。这些都很平常，但也很美好。正是这些看似平常的小确幸，组成了我们生命中的绚丽画卷。

或许，我们的心早已被波折多变的生活磋磨得失去了弹性，变得麻木，变得凉薄。我们被网络中那些铺天盖地的不幸的消息遮蔽了双目，以为生命本身便是苦涩、便是无奈，可其实即便在阳光照射不到的地方，也一样会有微弱的美好存在着，就如同，即便生活中不幸的事情再多，我们也总会在某一个简单的时刻里，拥抱过真实的幸福，只是这幸福需要我们全身心地投入其中才可感受得到。

人生之路，本就坦途少而崎岖多。而最为智慧的做法便是，尽管洞悉了世间的种种丑恶、见识了人心的复杂，却依然把最明媚的画景记在心上。心若不倦，幸福便不散场。在每一个简单的时刻，看清幸福的模样。